I0486307

Caos en la Bolsa
Relato de un inversor superviviente

Segunda parte de *Un náufrago en la Bolsa*

Carlos Torres Blánquez

Índice

Un nuevo desafío 9

Introducción - Sobrevivir en un mundo cíclico 12

Pánicos y desplomes 13
La bolsa avisa con tiempo antes de un desplome 14
Los ciclos bajistas 14
Las etapas de un ciclo bajista 15
    Etapa 1: el aviso 15
    Etapa 2: calma chicha 16
    Etapa 3: la tormenta 17

El período de gestación 18
La tentación 18
El canto de las sirenas 19

Capítulo 1 – Desplome a la vista 21

Un primer aviso 21
Un modelo económico paradójico 23
Burbuja terapéutica 24

3

Recuperación económica con temporizador de autodestrucción.........27

Ilícito, pero práctico... 28

Cómo aprendí a crear un activo financiero a partir de una vaca..........31

Tres médicos para la economía... 36

¿Ingeniería o milagro?..39

El gran invento.. 42

¿Otro aviso?... 44

Reinicio el contador de avisos de desplome.................................44

Segundo aviso...45

Bomba de insolvencia programada... 47

Tercer aviso... 48

Una oferta irresistible...50

Reajuste de expectativas... 51

La cartera perfecta.. 52

Perspectivas favorables... 53

¿Desplome o cuarto aviso?.. 56

Desacoplamiento..58

Capítulo 2 – Viaje al Sur.. 60

Primer aviso de ciclo bajista.. 60

Viajo en buena compañía..61

Cotiza lo positivo... 63

Primera oportunidad para abandonar el barco............................... 63

Víctima propiciatoria.. 64

Cuando los acreedores deben más dinero que los deudores............65

Confianza a la baja...68

Sospechas...69

Lluvia de dólares.. 70

Predicción cumplida... 70

Necesito más pruebas..71

Capítulo 3 – Calma chicha... 73

Segunda oportunidad.. 73
Las drogas más caras del mercado..................................74
Mensajes creíbles... 74
Ultimátum a la banca.. 76
Masa crítica de víctimas.. 76
Nueva dosis de mensajes creíbles.................................... 78
El Banco de Inglaterra se la juega....................................79
Tercera oportunidad.. 82
Un banco central en apuros... 83
Negativismo..84
Segundo aviso de ciclo bajista.. 85
¿En crisis? ¿Quién está en crisis?.................................... 86
Los gigantes se tambalean..89
Se vende caja con problemas.. 89
Vuelvo a naufragar.. 90
Cuarta oportunidad... 92
Socorristas rescatadas.. 93
Cien días después.. 94

Capítulo 4 – Tormenta... 95

Ritual... 95
Pérdida garantizada.. 96
Seguras de sus seguros 97
El senior que copia en los exámenes................................. 98
Bajo mínimos... 102
Plan de rescate global... 102
¿Dinero a cambio de basura?.. 104
Por qué no dejar quebrar a los bancos............................105

Confianza contagiosa. 110

Capitán Buffett. 110

Rechazo al plan de rescate. 111

29 de septiembre. 112

La solución irlandesa. 113

Sin rumbo. 114

Sin esperanza. 115

¿Una broma?. 115

La mayor alza de los últimos 75 años. 116

El fantasma que transmite seguridad. 116

Llamadas del banco. 119

Señales de esperanza. 120

¿Juega con fuego el Banco Central Europeo?. 120

Otro golpe. 121

Ídolo caído. 122

La increíble alza de Volkswagen. 123

En el barco de Botín. 124

Octubre honra su fama. 126

Capítulo 5 – A la deriva. 127

Después de la tormenta. 127

Bandazos. 127

Se malvende banco. 128

American Express en descubierto. 130

Los que anticiparon la crisis predicen el desastre. 130

Globalización de las excusas. 131

El Santander, por los suelos. 132

Terrible dilema. 132

General Shock. 133

El gobierno y los bancos juegan al tenis. 134

Pregunta incómoda. 135

Capítulo 6 – Los restos del naufragio............................136

La apuesta del Banco de Inglaterra.................................136
La apuesta irlandesa..137
La cartera perfecta...137
¿La última oportunidad?...138
Nueva tormenta..138
Celebración...140
No eran churros, sino comida rápida...............................141
Retrospectiva...144

Capítulo 7 – Carta de navegación.............................146

Ruta a seguir...146
Peligros de los mares del sur.....................................148
    La bruma de las expectativas..............148
    Las cambiantes sirenas de la lógica.......149
    Los vientos contrarios de las opiniones ajenas.......150
    El faro cegador de la confianza...........150

Epílogo – 16 años en una isla desierta......................152

Anexo – Los avisos en la fase bajista de 2007-2009..........154

Sobre el autor 155

Un nuevo desafío

En *Un náufrago en la bolsa* relaté que un día de junio de 1998, cuando aún era posible a los profanos curiosear en los templos del dinero, se me ocurrió entrar en la Bolsa de Barcelona. Ahí cacé al vuelo las palabras de alguien que se refería a un barco que estaba a punto de hundirse. Dado que mi vida se torció cuando una tormenta hizo tablones el velero en el que pretendía dar la vuelta al mundo, me dirigí hacia quien había mencionado el único tema sobre el cual me hallaba en condiciones de conversar. Baltasar Cano —así se llamaba el hombre que hablaba mi idioma y cuyo color de pelo hacía redundante su apellido— me explicó que la bolsa, ese mercado donde se compran y venden derechos a participar en los beneficios de las empresas, avisa antes de que el valor de esos derechos se desplome.

Aunque no podía hacerme la más remota idea de cómo se podía recomendar a los compradores de un mercado abandonar el lugar por su propia seguridad y a pesar de que mis primeras impresiones en la bolsa me dieron a entender que ese mundo era demasiado extraño para mí, el punto de vista de Baltasar me resultó cercano.

Durante mi confinamiento en una isla perdida del Pacífico Sur vi claro que la verdadera causa de mi naufragio no había sido una de las muchas tormentas a las que cualquier navegante debe estar acostumbrado, sino el hecho de no haber prestado atención al mar cuando este avisa de sus cambios de humor. Y no fue hasta que aprendí a escuchar a la naturaleza cuando pude al fin abandonar mi isla a bordo de una rudimentaria balsa.

Baltasar me transmitió los principios de inversión que había aplicado a lo largo de tres décadas para orientarse en el océano bursátil. Durante el aprendizaje me enteré de que el período de mi vida en el que permanecí completamente aislado del mundo coincidió casi exactamente con el gran ciclo alcista que experimentaron las bolsas occidentales entre octubre de 1982 y julio de 1998. Si el destino es un cúmulo de casualidades, el mío me había privado de hacer fortuna en el mercado de valores.

A finales de 1999, Baltasar me envió una carta para comunicarme que iba a emprender un largo viaje y que me confiaba la gestión de su patrimonio. No acerté a comprender por qué un náufrago que no había logrado aún familiarizarse con el mundo civilizado, y menos aún con los mercados financieros, merecía la confianza ciega de un inversor experto. Pero no tuve opción de negarme a su inesperada demanda, pues perdí todo contacto con él y me sentí en el deber de aceptar el reto que me asignaba.

Poco después de recibir el insólito encargo, la situación en las bolsas empeoró de forma súbita. Confié en que Baltasar, alarmado por el curso de los acontecimientos y sobre todo por la insensata misión que me había encomendado, se arrepentiría de su decisión o al menos me enviaría algunas instrucciones.

Como suele ocurrir, ocurrió lo más improbable. Baltasar persistió en su silencio a pesar de que a lo largo de los siguientes tres años me tocó vivir la peor etapa de las bolsas internacionales en más de treinta años. Sin embargo, logré mantenerme a flote y salvar el patrimonio de mi mentor.

Baltasar reapareció a principios de 2003, poco después de que el ciclo bajista llegara a su fin. Cuando le pregunté por qué había corrido el innecesario riesgo de confiar su capital a un inexperto, me contestó que había anticipado tiempos convulsos y creyó que su patrimonio estaría a buen recaudo en manos de quien había sobrevivido en un peligroso viaje gracias a su capacidad para percibir las señales de cambio.

Por primera vez, tuve la sensación de no haber malogrado mi vida. Si antes había atribuido al colmo de la mala suerte o a un desgraciado destino el haber estado apartado del mundo y de la época más próspera de la bolsa, ahora me veía en posesión de una habilidad que un veterano inversor consideraba más valiosa que su dilatada experiencia.

Tuve la oportunidad de gestionar mi propia cartera de valores desde el inicio de un ciclo alcista que me dio muchas alegrías. Baltasar decía que la bolsa acostumbraba a tener siete años buenos y tres malos, así que me las prometía felices hasta finales de 2009...

Introducción - Sobrevivir en un mundo cíclico

Cuando dejé de pensar que el mar es irascible e imprevisible por naturaleza, mi relación con él se transformó por completo. Comprendí que está a merced de factores como la inclinación de los rayos del sol, la dirección del viento o la humedad del aire. En mi viaje de regreso, fui capaz de sentir cómo me decía que su entorno había cambiado y que eso iba a reflejarse en su oleaje. El poderoso mar era tan vulnerable como mi frágil balsa. Su furia no venía de su fuerza sino de su debilidad.

La bolsa no es diferente en este sentido. Sus olas y tempestades son el reflejo de condiciones exteriores. Es cierto que la cotización de algunas acciones es alterada por parte de individuos interesados pero el mercado en su conjunto tiene un caudal demasiado abundante como para poder ser manipulado desde dentro.

Si los precios de las acciones dan bandazos, algunos inversores piensan: esto tiene mala pinta. Otros piensan: hay que aprovechar el momento. Unos tienen miedo y otros, esperanza. El inversor esperanzado que ha comprado acciones se vuelve presa del pánico si ve que estas toman la dirección contraria. El que tuvo miedo, se siente aliviado por haber vendido a tiempo y tal vez se convierte en un inversor esperanzado que recompra las acciones que vendió. El temor y la esperanza crean el oleaje del océano bursátil.

Cuando las ondulaciones se hacen persistentes, hay una preocupación que vuelve una y otra vez y que no puede quedar resuelta. Esto es lo que quería expresar Baltasar cuando decía que la bolsa avisa a través de sus fluctuaciones.

La información para saber si esas oscilaciones son relevantes o no para considerarlas un aviso nos la proporciona el índice de la bolsa, que no es más que un índice de precios. Aunque en el caso de las acciones se suele hablar de cotización, más que de precio, ambos conceptos significan lo mismo.

Imaginemos que al principio de un año determinado, un kilo de manzanas vale un euro y un kilo de kiwis vale dos euros. Al final del año, el kilo de manzanas sube un 5% y el de kiwis, un 2%. La subida media habrá sido del 3,5%. Entonces podríamos decir que el índice de precios de una cesta compuesta por manzanas y kiwis ha pasado de 100 a 103,5 en un año.

Un índice bursátil mide variaciones en los precios de las acciones pero funciona de un modo similar. Hay tantos índices como "cestas de acciones". En España, el IBEX-35 mide los cambios en la cotización de los 35 títulos más negociados del mercado. No se toma una media simple de las variaciones de precio sino una media ponderada en función de la importancia de cada empresa en el conjunto, pero eso es lo de menos. Nosotros nos basamos en el Indice General de la Bolsa de Madrid porque tiene más historia que el IBEX-35 y engloba un mayor número de empresas.

Ahora ya puedo resumir en qué consisten los avisos de la bolsa de acuerdo con lo que me enseñó Baltasar. Primero hablaré de los pánicos y desplomes, y luego de los ciclos bajistas.

Pánicos y desplomes

Un desplome es una caída intensa, del orden del 20% o más, y de corta duración, normalmente inferior a dos meses.

La bolsa advierte de un desplome cuando hay un notable incremento de la volatilidad. Entendemos como tal una serie de tres o más correcciones repentinas, de una magnitud del 5% en pocos días o del 10% en pocas semanas. Los avisos son pánicos que avisan del gran pánico.

Para que la serie de avisos sea preocupante, debe mediar un espacio de tiempo relativamente breve entre los mismos. Si en un plazo de unos seis meses no se ha producido un nuevo aviso, los anteriores quedan cancelados.

Es como un barco que escora a babor y a estribor. Si lo hace bruscamente y de forma repetida, hay bastantes probabilidades de que acabe por zozobrar.

Si los tres avisos son de escasa magnitud, por ejemplo del orden del 5% o del 7%, es preferible esperar a que se produzca un nuevo aviso más relevante antes de considerar la decisión de vender.

La bolsa avisa con tiempo antes de un desplome

El desplome suele producirse algunos meses después del tercer aviso, por lo que hay tiempo para abandonar el barco sin dejarse llevar por el pánico.

A veces hay un total de seis avisos. En tal caso, es frecuente que medien entre seis y diez meses entre el tercer aviso y el desplome.

Los ciclos bajistas

Los desplomes son caídas breves e intensas. Los ciclos bajistas causan un deterioro más lento pero igual de dañino, o más, que el de los desplomes.

Entre el máximo y el mínimo de un ciclo descendente suele transcurrir por lo menos un año.

En un ciclo alcista, la bolsa sube las dos terceras partes del tiempo y baja la otra tercera parte. En cambio, en un ciclo bajista, la bolsa sube la tercera parte del tiempo y baja las otras dos terceras partes. No hay tanta diferencia como parece. La verdadera diferencia es que en una fase alcista, el índice va alcanzando máximos cada vez más elevados a pesar de las correcciones, mientras que en una fase bajista cada recuperación llega cada vez menos lejos.

Las etapas de un ciclo bajista

De acuerdo con Baltasar Cano, un ciclo bajista se compone de las siguientes etapas:

Etapa 1: el aviso

Un aviso de ciclo bajista tiene lugar cuando el índice de la bolsa ha caído un 15% desde su máximo más reciente en un plazo de al menos cuatro meses y alcanza un nuevo mínimo en dicho período. El análisis de los ciclos nos revela que cuando el índice sufre una caída de estas características, la confianza de los inversores ha quedado tocada y la bolsa continuará deteriorándose durante varios meses más.

A menudo sucede que un aviso de ciclo bajista tiene lugar en medio de varios avisos de desplome. En este caso, prima la tendencia bajista pero es muy posible que durante el desarrollo de la misma, y sobre todo a su conclusión, haya un desplome.

A diferencia de los avisos de desplome, que permiten salirse a tiempo, el aviso de fase bajista se produce cuando el ciclo ya está en marcha. Raramente podremos vender a un nivel similar o superior al del último máximo pero sí que podremos aprovechar varias oportunidades para salir con el menor daño posible.

Creo que no hay manera de anticiparse al inicio de un ciclo bajista. En todo caso, no vale la pena hacerlo porque correríamos el riesgo de cometer uno de los mayores errores: vender demasiado pronto en una fase alcista. Lo que podemos hacer es salir antes de que venga lo peor y evitar otro gran error: vender demasiado tarde en una fase bajista.

Al principio de una tendencia descendente podemos tener la impresión de que esto va para largo pero estamos acostumbrados a hacer caso omiso de nuestra intuición. La mayor utilidad de un aviso es que nos proporciona una referencia objetiva que nos permite confirmar la validez de nuestras propias sensaciones.

Etapa 2: calma chicha

Después del aviso, tiene lugar un período, que dura unos seis meses, en el cual el índice de la bolsa se acerca en diversas ocasiones al nivel que tenía en el momento del aviso. Es un período de tensa estabilidad relativa, como la calma del mar que precede a la tormenta.

Cuando el capitán de un barco anuncia que la nave va a hundirse, los pasajeros apenas tienen unas horas para ponerse a salvo. Los pasajeros de una bolsa de valores que acaba de chocar contra un iceberg o contra una roca que no aparece en las cartas de navegación, tienen mucho más tiempo: hasta seis meses.

En esta fase no tardamos en quedar hechizados por las espectaculares alzas que se producen. Por eso, a veces nos referimos a esta etapa como la fase de seducción.

Tras los retrocesos, muchos inversores compran para aprovechar los bajos precios, lo cual propicia una recuperación que atrae a nuevos compradores confiados en que ya ha pasado lo peor. Muchos corren a comprar porque temen quedarse fuera. En pocas semanas, el índice puede subir tanto como en un año completo de un ciclo alcista. En realidad, esas recuperaciones son oportunidades para vender, no ocasiones para comprar.

Los especuladores aprovechan para vender acciones al descubierto. Venden unos títulos sin tenerlos. Su objetivo es comprarlos más baratos para devolverlos y embolsarse la diferencia.

Estos inversores son los que tienen expectativas más bajistas. Sin embargo, en cuanto parece que la bolsa se recupera, les entra un pánico terrible. En vez de esperar a que vuelvan las caídas, se apresuran en comprar. En realidad, no tienen más remedio que volverse locos comprando, ya que si la recuperación se afianza, o dura más de lo habitual, pueden sufrir grandes pérdidas. Esto significa que las alzas más espectaculares son, en gran parte, obra de los inversores más bajistas, lo cual constituye una de las paradojas más clásicas de este mercado.

Otros confunden esos pánicos compradores con el inicio de la recuperación y también se suman a las compras. Quedan atrapados en las alturas porque a continuación la tendencia descendente prosigue su curso.

Etapa 3: la tormenta

Cuando se acaba la etapa de seducción o de calma chicha, viene la fase más demoledora, aunque es también la más breve. Con harta frecuencia, el ciclo bajista concluye con un desplome. Muchos que han resistido estoicamente la mayor parte del ciclo, sucumben a un pánico contagioso.

La consigna en esta etapa es mantener o comprar.

Como me dijo una vez Baltasar, siempre es mejor escuchar los avisos que a la propia mente porque esta nos hace malas jugadas:

«En el transcurso de una tendencia bajista, prueba a escuchar tu mente. En los primeros meses, te hará creer que las caídas son oportunidades para comprar, pero son trampas en las que caes. Te tentará para que compres en las fulgurantes recuperaciones, pero no te recuperarás del susto que te llevarás luego. En el ecuador del ciclo, te dará esperanzas en un final cercano. Y cuando llegue ese final, justo en el momento en que la bolsa toca fondo o cerca del momento en que va a hacerlo, hará que te desesperes y te recomendará que lo vendas todo. En resumen, en el transcurso de una tendencia bajista, no pruebes a escuchar tu mente.»

El período de gestación

Las dos etapas siguientes a la del aviso duran entre 8 y 11 meses. Este es el plazo de tiempo que la bolsa necesita para gestar un nuevo ciclo alcista. Dado que suelen pasar de 4 a 6 meses entre el máximo del ciclo y el aviso, un ciclo bajista completo puede durar entre 12 y 18 meses.

Sin embargo, puede ocurrir que tras una fuerte recuperación tenga lugar un segundo aviso de ciclo bajista. Es decir, que después de un máximo relativo el índice baje más de un 15% a lo largo de los siguientes cuatro meses y alcance un nuevo mínimo en ese período. En este caso, un ciclo bajista se superpone al anterior y el ciclo alcista muere prematuramente. La fase descendente puede entonces alargarse tres años, tal como ocurrió entre 2000 y 2003.

La tentación

A lo largo de un ciclo bajista hay tantas recuperaciones fallidas que cuando llega la definitiva podemos creernos que es otra ilusión.

Para evitar caer en esa ilusión, vale la pena recordar que en un ciclo bajista las recuperaciones se agotan pronto, normalmente antes de los dos meses. Si observamos que el índice sube a lo largo de más de cuatro meses y la subida es sustancial, del orden del 15% o más, es muy probable que estemos al principio de un nuevo ciclo alcista. Ya no se trata de un pánico comprador sino de un regreso de la confianza.

Dado que estas alzas dan en cuatro meses lo que uno espera ganar en un año, a veces en dos años, podemos sentirnos tentados de vender, sobre todo cuando vemos que el índice alcanza el nivel previo al de la tormenta. Si caemos en la tentación, corremos el riesgo de salirnos al principio del nuevo ciclo alcista.

El canto de las sirenas

Baltasar me enseñó que no es suficiente con saber el rumbo que debemos seguir porque en un ciclo bajista nos vemos desorientados por las "tres sirenas de la lógica". Se refería a la dificultad de la mente en poner un límite al razonamiento lógico.

Estas tres sirenas dicen lo siguiente: la bolsa sube cuando aumentan los beneficios de las empresas, cuando los tipos de interés son bajos y cuando hay crecimiento económico. Por ello, Baltasar las bautizó con los nombres de Beneficios Suben, Intereses Bajos y Economía Crece.

Es verdad que las acciones aumentan de valor cuando los beneficios mejoran. Pero si los precios de las acciones suben mucho más que los beneficios de las empresas, lo cual sucede con frecuencia, actúa la ley de la compensación. Puede suceder entonces que las acciones caigan aunque los beneficios sigan aumentando.

Un nivel moderado de los tipos de interés es positivo para las acciones porque reduce el coste de la deuda de las empresas y resta atractivo a los depósitos bancarios y los bonos. Esto crea la expectativa de que cuanto más bajo sea el precio del dinero, tanto mejor. Sin embargo, los recortes del tipo de interés no consiguen alterar el rumbo de una bolsa bajista, tal como vimos entre 2000 y 2002.

Por otro lado, los datos sobre crecimiento económico solo tienen un efecto favorable pasajero en un contexto de incertidumbre.

Cuando la bolsa se adentra en el hemisferio sur las relaciones lógicas a las que estamos acostumbrados quedan alteradas, por lo que resulta peligroso utilizar el hemisferio izquierdo del cerebro.

Durante buena parte de un ciclo descendente, la economía sigue creciendo por inercia, los beneficios de las empresas continúan aumentando antes de tocar techo y los tipos de interés caen porque hay menos demanda de crédito y porque los bancos centrales intentan evitar la recesión. Se da la paradoja de que en el peor momento para invertir, las condiciones son las ideales. Si uno espera a que el escenario sea idóneo para decidirse a comprar acciones, caerá en la trampa que nos tienen preparada las sirenas.

El lector ya sabe ahora cuál es mi mapa para orientarme en el océano bursátil. Es el que utilicé en la crisis de 2000-2003 y el que me dispuse a llevar conmigo en la nueva zona de turbulencias que atravesamos a partir de 2007. ¿Podría el mismo mapa guiarme a través de un territorio desconocido?

Capítulo 1 – Desplome a la vista

Un primer aviso

A partir de marzo de 2003 supe, por primera vez en mi vida, lo que significaba embarcarse en una bolsa alcista. A lo largo de más de tres años, el viaje fue bastante plácido. Aunque hubo algunas caídas, ninguna de ellas fue grave y, lo que es más importante, se sucedieron de forma tan espaciada en el tiempo que no cabía considerarlas como avisos.

Baltasar me había dicho que desde 1950 la bolsa española había tenido unos ciclos bastante regulares: subía a lo largo de unos siete años, con algunas correcciones intermedias, y luego caía con fuerza durante tres años, con algunas alzas pasajeras. Siete años de vacas gordas y tres de vacas flacas. La excepción fue de 1960 a 1973, un ciclo alcista general que duró catorce años. En este caso, a catorce años de vacas gordas le siguieron seis de vacas flacas. Debo confesar que la estadística me sedujo, así que estaba mentalmente predispuesto para mantener mi cartera de acciones hasta finales de 2009.

Entre el 9 de mayo y el 13 de junio de 2006, una caída del 11,1% abrió el contador de avisos. La bolsa española había subido un 128% desde el 12 de marzo de 2003 y había cierto consenso en que un descanso en la carrera alcista era algo del todo normal.

Sin embargo, es raro que la bolsa dé marcha atrás para tomarse un respiro o porque tenga vértigo. Las alzas, por sí mismas, alientan las compras en tanto no haya una razón que invite a la prudencia.

Por este motivo, quise averiguar la causa del retroceso. Miré el comportamiento de la bolsa de Nueva York y pude comprobar que el índice S&P 500 había corregido un 7,7% entre el 5 de mayo y el 13 de junio de 2006. Parecía que la bolsa española estaba reflejando algo que preocupaba a los inversores del otro lado del Atlántico.

Lo que había sucedido era que el 4 de mayo de 2006, una pequeña sociedad hipotecaria (entidad financiera especializada en préstamos hipotecarios) llamada Merit Financial, radicada en una ciudad de unos cincuenta mil habitantes del noroeste de Estados Unidos, había solicitado la quiebra. El mercado había interpretado el suceso como una señal de que el negocio hipotecario estaba empeorando. Sin embargo, luego averigüé que los problemas de Merit venían de haber adquirido una sede de dimensiones desproporcionadas: 5,5 kilómetros cuadrados. Según el propio fundador de la compañía, el edificio había sido comprado dos años atrás para potenciar la imagen de la empresa pero ahora generaba unos gastos inasumibles. No di mayor importancia al asunto.

Otra noticia parecía de mayor calado. Aquel mes de mayo de 2006, la segunda mayor sociedad hipotecaria de Estados Unidos, Ameriquest, anunció que iba a eliminar cerca de cuatro mil puestos de trabajo y a cerrar todas sus oficinas con objeto de conceder sus préstamos a través de intermediarios. ¿Otra señal de que el negocio de las hipotecas estaba en declive?, me pregunté. Si así fuera, ¿el hecho de que las cosas empeoren significa que vayan a acabar en un cataclismo?

Había algo más en el tema de Ameriquest. Cuatro meses antes, la empresa había acordado pagar 325 millones de dólares para evitar ir a juicio por haber perjudicado a más de 700.000 clientes. Por lo visto, con el cierre de sus oficinas minoristas pretendía esquivar nuevas demandas judiciales. Entonces, ¿había realmente un problema con las hipotecas, o era más bien que una sociedad en concreto incurría en malas prácticas crediticias?

Me hice la pregunta que el mejor inversor de la historia, Warren Buffett, recomienda que nos hagamos cuando nos enfrentamos ante un hecho que parece amenazador: ¿en qué sentido puede esta circunstancia afectar a la generación de beneficios futuros de las empresas de las que soy accionista? Lo pensé de todas las maneras posibles, no me sentí concernido y dejé de sentirme amenazado.

La mayoría de inversores debió de pensar de manera parecida a la mía. En los meses siguientes, las preocupaciones se evaporaron y la bolsa siguió subiendo a un ritmo endiablado: un 33% hasta el 22 de noviembre de 2006.

Habían pasado más de cinco meses desde el aviso de mayo-junio. Recordé que un primer aviso servía para ponerse en guardia pero no era razón suficiente para preocuparse. Baltasar decía que los desplomes eran anunciados por al menos tres correcciones repentinas no muy distanciadas entre sí en el tiempo. En tanto que el primer aviso no se estaba viendo confirmado por otros, empecé a considerar que podía darlo por cancelado.

Un modelo económico paradójico

Baltasar desconfiaba de la subida de la bolsa pero se mantenía fiel a su principio de no salir del mercado hasta que hubiera una serie de avisos de desplome o un aviso de fase bajista. Esperaba a tener una doble señal para vender, una de tipo subjetivo, la que le proporcionaban sus sensaciones, y otra de tipo objetivo, la que le daban los avisos.

—Si me hubiera dejado llevar por mis malas sensaciones —me dijo un día de noviembre de 2006— hace tiempo que habría vendido y me habría perdido lo mejor de la subida.

—¿A qué se deben esas malas sensaciones? —quise saber.

—La buena marcha de la economía de Estados Unidos depende de que el precio de la vivienda suba de forma continuada. Pero desde finales de 2005 los precios inmobiliarios han dejado de subir y recientemente han empezado a bajar. Esto significa que todo va a desmoronarse.

Baltasar me explicó que en los últimos años los bancos estadounidenses, y también los europeos, habían estado concediendo préstamos hipotecarios a personas con poca capacidad crediticia. Yo no veía dónde estaba el problema. Cuando un banco facilitaba a estas personas la compra de una casa, les daba la posibilidad de crear un patrimonio. En el futuro la casa valdría más que la deuda contraída para comprarla y quienes eran poco solventes alcanzarían una posición económica desahogada. Es verdad que la idea de volverse solvente a base de endeudarse era un poco extraña pero no dejaba de tener cierto sentido.

Lo que ya no me acababa de cuadrar era que algunas entidades financieras habían prestado incluso a gente casi por completo insolvente. ¿Cómo podía un banco prestar dinero asumiendo un riesgo tan alto de que no se lo pudieran devolver? Era un asunto que me tenía intrigado.

Burbuja terapéutica

Baltasar conocía mi intención de conservar mi cartera de acciones contra viento y marea hasta finales de 2009 para luego tomarme un trienio sabático de 2010 a 2012. Él, en cambio, se estaba preparando para vender. Como he explicado, si todavía no lo había hecho era porque la bolsa no había dado aún tres avisos de desplome o un aviso de ciclo bajista. Una vez le pregunté si quería apurar el ciclo alcista hasta el final.

—No se trata de eso, Caos, sino de seguir mis principios —me contestó.

Yo le dije entonces que su actitud me hacía ser aún más firme en mi propósito, lo cual pareció desconcertarle. Tal vez por este motivo, Baltasar hacía que nuestras conversaciones se alargaran más de lo habitual.

—A mediados de 2001 —me dijo— varios economistas, como Paul McCulley, aseguraron que la intención de la Reserva Federal, el banco central de Estados Unidos, era crear una burbuja inmobiliaria que sirviera para reactivar la economía. Alan Greenspan, el presidente de la Reserva Federal, ya había reducido los tipos de interés del 6,5% a que estaban en mayo de 2000 al 3,5% en agosto de 2001, a causa del desplome de las empresas tecnológicas y de la recesión económica de principios del año 2000.

—Luego vinieron los atentados del 11 de septiembre—recordé.

—Para mitigar su impacto en la economía, Greenspan dejó los tipos de interés en el 2,5%. En diciembre de 2001, la mayor compañía de energía del mundo, Enron, se derrumbó por la misma razón que la había encumbrado: sus prácticas contables fraudulentas. Enron era un modelo que se estudiaba en las universidades de negocios. Puedes suponer el trauma que supuso.

»La Reserva Federal reaccionó volviendo a bajar el tipo de interés oficial al 1,75%. Luego vino otro golpe desde dentro: el descalabro de otra empresa modelo, Worldcom, la segunda compañía de telecomunicaciones de Estados Unidos. Por el mismo motivo que Enron, sus tejemanejes contables. Enron y Worldcom compartían otra cosa: habían tenido la misma compañía de auditoría, Arthur Andersen, y esta cayó aplastada por los gigantes que había ayudado a levantar.

—Si entonces me hubiese dedicado a examinar balances, no hubiera podido estar tranquilo pensando dónde iba a estallar la próxima bomba contable.

—Figúrate el impacto que tuvo todo eso en la credibilidad de las sociedades cotizadas, sus balances y las compañías que debían certificar que estos eran fidedignos. Greenspan reaccionó de nuevo bajando los tipos de interés al 1,25% en noviembre de 2002. Finalmente los dejó al 1% en junio de 2003. Estados Unidos quedó muy tocado a nivel empresarial. Muchas empresas del sector tecnológico desaparecieron. Algunos economistas, entre ellos Paul Krugman, diagnosticaron entonces que la recuperación no podría venir del lado de las empresas sino de la demanda de viviendas.

—La Reserva Federal bajó los tipos de interés para ayudar a superar tantos traumas —dije—. Tal vez se propusiera estimular el mercado inmobiliario para devolver la confianza en la economía. Pero eso no significa crear una burbuja.

—La creación de burbujas financieras como remedio terapéutico ha sido una constante desde los años 1980 —dijo Baltasar—. Una burbuja es eficaz porque mucha gente participa en ella. Tiene efectos positivos notables sobre la economía, mientras dura. Y puede durar bastantes años.

—¿Qué te hace pensar que la Reserva Federal tuviera intención de crear una burbuja inmobiliaria?

—Además de dejar los tipos de interés al 1%, Greenspan pidió a los bancos que crearan préstamos hipotecarios más flexibles para facilitar la compra de una vivienda a un número creciente de personas. Por su parte, el gobierno de Estados Unidos se propuso extender el sueño americano de una vivienda de propiedad al mayor número posible de ciudadanos. En junio de 2002 el entonces presidente George W. Bush dijo que quería crear una sociedad de propietarios y animó a las entidades financieras a prestar más dinero. En realidad, era la coartada perfecta para crear la burbuja.

—¿Un sueño dentro de una burbuja? —pregunté—. No vayas a decirme que las autoridades económicas crean burbujas para que estallen.

—Claro que no: creen que podrán evitar que eso ocurra, que la burbuja acabará por posarse suavemente sobre el suelo.

Recuperación económica con temporizador de autodestrucción

Me resistía a creer que las autoridades económicas utilizaran el sueño de ser propietario de una vivienda con el ojetivo de estimular el crédito y la recuperación económica.

—Una de las razones por las cuales decidí convertir el mar en mi hogar fue mi desencanto con el sistema —dije a Baltasar—. Cuando los poderes públicos piensan en la gente, resulta que también hay que ver el lado negativo.

—Bueno, yo desconfío, aunque no hasta el extremo de buscar refugio en el mar o en lo alto de una montaña.

Hice una falsa sonrisa y entorné los ojos. Baltasar se rió, me agarró un instante de un hombro y luego continuó:

—Se considera que el aumento del precio de los activos, principalmente la vivienda y la bolsa, es algo deseable en sí mismo porque genera un efecto riqueza. Es decir, si ves que tu patrimonio aumenta de valor, tiendes a consumir más y esto favorece el crecimiento económico. Pero, como ha señalado el economista Peter Schiff, si el precio de tu casa aumenta, no experimentas un aumento verdadero de riqueza, pues tu casa no te da más cobijo ni es más confortable que antes. En este sentido, se crea un sentimiento artificial de riqueza que nos lleva a gastar más de la cuenta. Cuando el precio de la vivienda sube, aumenta el patrimonio de los propietarios de casas pero ¿qué pasa con los que todavía no son propietarios? Cada vez lo tienen más difícil para acceder a una vivienda. Hay algo en ese modelo que no cuadra.

Baltasar mantenía que la expansión económica que había empezado en Estados Unidos en 2003 llevaba consigo un temporizador de autodestrucción, y que la cuenta atrás estaba llegando a su fin. Cuando le pregunté si se refería a un probable estallido de la burbuja inmobiliaria, me contestó que ni siquiera hacía falta que reventara la burbuja para que la economía saltara por los aires.

Ilícito, pero práctico

—Imagina que tienes un kilo de oro pero no quieres desprenderte de él —empezó a explicarme Baltasar cuando le dije que quería entender mejor el funcionamiento del sistema financiero—. Coges diez hojas de papel y en cada una de ellas escribes que ese documento da a su portador el derecho a reclamarte cien gramos de oro. Entonces usas uno de estos documentos para comprarte una moto. Luego otro para pagarte unas vacaciones, y así hasta gastar tus diez promesas de pago. Te habrías gastado todo el valor de tu lingote de oro pero seguirías teniendo tu lingote entero.

—Muy ingenioso.

—El vendedor de la moto usaría tu promesa de pago para comprarse un mueble. El vendedor del mueble la usaría para costearse una operación de cataratas, y así sucesivamente. Pronto, tus diez promesas de pago circularían por todo el país.

—Pero un día podría llegarme una de mis promesas, o todas. Y me quedaría sin mi lingote —dije.

—Tranquilo. Hasta podrías venderlo.

—¿Qué?

—Lo único que tienes que hacer es comprar una caja fuerte impresionante y decir que tienes el lingote ahí dentro. Basta que la gente se crea que está dentro.

—Claro —dije, aunque no acababa de verlo nada claro.

—Para que tu sistema funcione, solo hacen falta dos cosas: que la gente crea que tu lingote está en tu caja fuerte y que tengas una buena reputación.

—¿Cómo voy a mantener una buena reputación si he emitido promesas de pago falsas?

—No me entiendes —dijo Baltasar moviendo la cabeza de un lado a otro—. Si tienes buena reputación, tus promesas de pago son verdaderas.

—¿En serio?

—Has creado un sistema de pago basado en la confianza, no en el valor de tu oro. Mientras la gente piense que eres de fiar, tus promesas de pago serán perfectamente válidas para hacer pagos.

—Ya, lo único que tengo que hacer es sacar brillo cada día a mi caja fuerte vacía.

—Eso es. Y que la gente no emita rumores falsos de que eres insolvente.

—¿Cómo iban a ser falsos esos rumores si efectivamente sería insolvente después de haber vendido el oro que garantizaba mis promesas? —pregunté.

—Si tienes tu oro y los rumores son falsos, la gente te reclamará el oro y lo perderás todo. Es peor ser solvente y que duden de tu solvencia, que ser insolvente pero crean en tu solvencia.

—¿Y qué les puede convencer de mi solvencia?

—Si vendes el oro, podrás gastarte el dinero en signos de apariencia que valdrán más que el oro.

—¿Más que el oro?

—Sí, porque esos signos de apariencia te darán un aire de respetabilidad que hará que mucha gente te confíe sus ahorros, y podrás obtener beneficios con el dinero ajeno.

—¡Pero no me bastaría con signos de apariencia! —exclamé—. ¡Me haría falta un capital propio!

—Creas una sociedad y emites acciones para recaudar capital. Ese capital son recursos propios de tu sociedad. Tú no has puesto un euro, pero lo gestionas tú.

—Ya. Verás, no sé si podría dormir tranquilo con todo ese montaje.

—Bueno, pues hay una solución mucho mejor —me tranquilizó Baltasar.

—Explica.

—Si vendieras tu oro, se acabarían tus posibilidades de expandir tu negocio. Así que es mejor que lo pongas en una vitrina donde todo el mundo pueda verlo.

—Eso me parece más sensato —dije.

—Pronto te darás cuenta de que rara vez te llega alguna de tus promesas de pago. Entonces creas diez nuevas promesas de pago por el valor de tu oro.

—¿Quieres decir que el mismo oro me sirve para emitir promesas de pago equivalentes al doble del valor de mi oro?

—Y varias veces el valor de tu oro. Así fue cómo los primeros banqueros crearon el sistema monetario moderno. En sus inicios, ¡fue una práctica ilegal! Pero resultó tan conveniente que acabó por hacerse aceptable. En tu caso, si crearas promesas de pago cuyo valor fuera el triple del valor de tu oro, este solo respaldaría la tercera parte del dinero que habrías creado.

—Hablas de las promesas de pago como si fueran dinero.

—Porque son dinero. Cualquier persona que tenga una de tus promesas de pago la puede usar para pagar algo. De 1944 a 1971, el dólar era convertible en oro a un tipo fijo de 35 dólares la onza (1,12 dólares por gramo). Las demás monedas tenían un tipo de cambio más o menos estable con el dólar. Pero en 1971, el entonces presidente de Estados Unidos, Richard Nixon, decidió poner fin a este sistema porque la cantidad de oro que respaldaba los dólares en circulación se había convertido en una fracción tan baja que resultaba meramente simbólica. Si se hubiera producido una crisis de confianza, los bancos centrales de todo el mundo se habrían apresurado en convertir sus reservas de dólares en oro. Había que evitar ese riesgo. Entonces se pasó a un sistema que se basaba únicamente en la confianza.

—Es asombroso. ¿Para evitar una crisis de confianza se creó un sistema basado únicamente en la confianza?

—Así es. Se eliminaba el riesgo que te acabo de comentar.

—Yo creo que es un sistema basado en el ingenio, más que en la confianza —afirmé—. Y ese nuevo sistema, ¿en qué activo se basa?

—En las deudas.

—¿Las deudas? ¡Las deudas no son activos!

—Cuando un banco te presta dinero, tú tienes una deuda pero el banco tiene un activo porque tiene un derecho a cobrar tu deuda. Tú te comprometes a pagar, de forma que creas una promesa de pago. Y recuerda, una promesa de pago es dinero.

—¿Estás diciendo que si pido un préstamo estoy creando dinero?

—Ni más ni menos —asintió Baltasar—. Si pides un préstamo para comprar un coche, el vendedor del mismo ingresa su beneficio en su cuenta corriente, el fabricante ingresa su beneficio en la suya... Los bancos donde se ingrese ese dinero tendrán más dinero para prestar y así sucesivamente.

—¿No podría crear ese dinero para mí?

—Cada uno de nosotros tiene el poder de crear dinero, pero solo para los demás.

—Vaya, lo bueno de este sistema es que nos hace a todos muy generosos —dije—. Pero me costará acostumbrarme a la idea de que hayamos pasado de un sistema basado en el patrón oro a otro basado en el patrón deuda.

—En un sistema de patrón oro, la cantidad de dinero debe guardar una relación determinada con la cantidad de oro, si es que se quiere que el sistema sea estable. En un sistema fiduciario, o sea, basado en la confianza, el dinero puede ser creado siempre que eso no lleve a una inflación tan elevada que destruya su valor. Para que eso sea posible, el dinero puede crecer a un ritmo similar al que se crean nuevos productos y servicios. Es un sistema más flexible y más eficaz para crear riqueza.

—Estás justificando que es mejor que sigamos con un sistema intrínsecamente ilícito —dije.

—Hace tiempo que fue legalizado —replicó Baltasar.

Cómo aprendí a crear un activo financiero a partir de una vaca

Se me ocurrió pensar que si un sistema monetario basado en el patrón oro no era capaz de crear suficiente riqueza, mientras que un sistema fiduciario podía provocar un exceso de dinero, tal vez habría que plantearse volver a un sistema basado en el trueque.

—Cambiar una cosa por otra de valor similar es mal negocio —me dijo Baltasar cuando le expuse la cuestión.

—¿Cómo que es mal negocio? Te desprendes de algo que no necesitas por algo que sí te hace falta. Por ejemplo, si tengo una vaca, la puedo cambiar por trigo. Lo que es mal negocio es prestarle algo a alguien sabiendo que tal vez no podrá devolvértelo.

—Si prestas dinero a mucha gente, asumes el riesgo de que una minoría no te pague. Solo tienes que preocuparte de que la mayoría te pague.

—Bien, pues explícame cómo puedo hacer un gran negocio con mi vaca.

—Primero, lo que tienes que hacer es vender la vaca a un ganadero, que llamaremos Ganadero Uno. Entonces le prestas el mismo dinero que has recibido, con la garantía de la vaca. Ahora tienes un activo financiero: un préstamo con garantía vacuna.

—¡No tengo nada! ¡Ni dinero ni vaca! ¿Qué clase de activo es ese?

—Tienes un derecho a cobrar el dinero que has prestado. Firmas un contrato con el ganadero conforme percibirás tantos intereses al mes del deudor y que si este no paga, te quedarás con su vaca.

—Pero no puedo cambiar mi activo por nada.

—Veo que sigues con la mentalidad del trueque —dijo Baltasar—. Eso tiene fácil solución: creas un título y ya puedes vender el préstamo.

—¿Quieres decir que debería titulizar la vaca? O sea, redactar un documento conforme soy propietario de una vaca que vale tanto.

—No, lo que haces es titulizar el préstamo.

—Ya. Entonces habré creado un título garantizado por una vaca. Lo llamo *Cow-Backed Security*, que queda mejor.

—¡No! —exclamó Baltasar—. La vaca garantiza el préstamo. El título está garantizado por el préstamo que está garantizado por la vaca.

—A ver si lo entiendo. El préstamo está garantizado por una vaca, que es un activo real. Pero el título está garantizado por una deuda.

—Exacto. Tú le vendes ese título a un fondo de inversión, o a un banco, compañía de seguros o cualquier otra entidad financiera, y te ganas una comisión. Al fondo no le interesa la vaca sino que tú te hayas asegurado bien de a quién le prestas el dinero. Te compra el título porque supone que te has tomado el trabajo de crear un activo de calidad. Lo que has creado tiene un nombre algo largo: título respaldado por un préstamo con garantía vacuna. Para abreviar, lo podemos llamar título vacuno. Pero que quede claro que el título no está garantizado por la vaca sino por el préstamo.

—Lo podría llamar *Cow Loan-Backed Security*.

—Eso sí —confirmó Baltasar—. En el mundo real, tenemos los *Auto Loan-Backed Securities,* que son titulizaciones de préstamos para comprar un coche, y los famosos *Mortgage-Backed Securities* o títulos respaldados por hipotecas (más propiamente, títulos respaldados por préstamos con garantía hipotecaria), conocidos por las siglas MBS. Ambos responden a la misma filosofía, solo que los MBS tienen más garantía.

—Claro, es más fácil estrellar un coche que se te incendie la casa.

—No es por eso. El préstamo hipotecario es más seguro porque en general las casas conservan mejor su valor que los coches. Si el banco tiene que embargar un coche al cabo de cuatro años, tendrá un activo que probablemente valdrá la mitad del prestamo que concedió.

—Vale, vendo el título vacuno a un fondo de inversión, ¿y ahora qué? —pregunté, temiendo que solo estábamos a mitad de la historia.

—Con el dinero que te paga, se lo prestas al Ganadero Dos con la garantía de una de sus vacas.

—Bravo, si ninguno de los dos me paga, tendré derecho a dos vacas.

—No, Caos. Ahora te dedicas a vender deudas titulizadas. Eres un intermediario. Pasas los intereses del deudor al propietario del título pero te quedas una parte como comisión. El titular del derecho es el inversor o la entidad que te compra el título. Por tanto, si el deudor no paga, el que tiene derecho a quedarse con la vaca es el propietario del título. Lo que pasa es que tú te comprometes a ir a buscar la vaca, venderla y darle el dinero al poseedor del título.

—¿Qué pasa si la vaca se ha depreciado y vale menos que la deuda?

—El deudor sigue siendo responsable de su deuda. Si te sigue pagando, no pasa nada. Ahora bien, si no te puede pagar y tienes que embargar la vaca, quien perderá dinero será el propietario del título.

—Entonces me libro del riesgo de depreciación de la vaca —dije.

—Y de que el ganadero no pague, sea cual sea el motivo. Transfieres el riesgo. Ese es uno de los atractivos de la titulización.

—Me pregunto quién querrá comprar mi título si piensa que le quiero endosar el riesgo.

—Lo único que te falta es sofisticarte un poco: hacer muchos préstamos con garantía vacuna.

—Bueno, no veo que eso sea muy sofisticado —dije—. Es hacer lo mismo muchas veces. Y no veo de dónde sacaría el dinero.

—De tu patrimonio.

—Ah, no.

—Tienes madera de banquero —dijo Baltasar—. Puedes prestar el dinero de los demás, de tus amigos y familiares para empezar. Prestas ese dinero a varios ganaderos a cambio de que cada uno te dé como garantía una vaca.

—En realidad, sí he puesto algo de mi patrimonio: lo que obtuve por la venta de mi vaca.

—Ya piensas como un banquero. Pones un poco de tu patrimonio pero mueves una gran cantidad de dinero. Solo te falta convertir todos los préstamos en un título. Si creas un título a partir de un solo préstamo, nadie te lo querrá comprar porque la garantía dependerá de la solvencia un solo deudor. Pero si titulizas muchos préstamos, el riesgo de que algunos deudores no paguen queda diluido.

—Entonces creo un solo título garantizado por muchos préstamos.

—Sí, pero ese título lo puedes dividir en varios, tal como se puede dividir un billete de lotería en décimos. Es decir, puedes vender diferentes secciones del mismo título a diferentes inversores.

—Y esos inversores, ¿qué interés pueden tener en comprar mi título? —pregunté.

—Tienes que conseguir que tu activo tenga una buena calificación de crédito. Para ello, contratas una agencia de calificación de riesgos crediticios. La agencia valorará tu título y le pondrá una buena nota si considera que la mayoría de ganaderos tiene capacidad para hacer frente a su deuda. Aunque algunos de los ganaderos a los que has prestado dinero sean insolventes, la agencia podrá conseguir, gracias a la ingeniería financiera, que tu título tenga una calificación de crédito tan buena como la de los bonos del gobierno de Estados Unidos, que están considerados los activos más seguros del mundo. Tu título será más rentable que los bonos del gobierno porque se basará en préstamos más arriesgados, pero será igual de seguro.

En ese momento, pensé que Baltasar estaba exagerando, de modo que no le pregunté cómo era posible ese milagro. Lo que sí quería saber era por qué los inversores todavía confiaban en las agencias de calificación. Un mes y medio antes de la quiebra de Enron, Standard & Poor's daba a los títulos de deuda de la empresa una nota BBB+ (equivalente a un 6,5 sobre 10), que significa "capacidad adecuada para cumplir compromisos financieros". El 27 de noviembre de 2001, una semana antes del colapso, todavía le otorgaba una calificación BBB- (equivalente a un 5,5 sobre 10). Las calificaciones de las otras dos grandes agencias, Fitch y Moody's, habían sido similares.

—Bueno, la gente se olvida de estas cosas —fue la vaga respuesta de Baltasar.

—¿Qué ocurre si un ganadero se come la vaca? —pregunté, dispuesto por el momento a olvidarme también de las agencias de calificación de riesgos.

—Si se come la garantía es como si le dieras un préstamo hipotecario e incendiara su vivienda. Por otro lado, el comprador del título puede asegurar el riesgo de que el ganadero no pague la deuda, en concreto a través de una compañía que solo asegura títulos. Como solo tiene una línea de negocio, este tipo de compañía se llama *monoline*.

Baltasar me explicó que en el momento de su nacimiento, a principios de los años 1970, las *monolines* solo aseguraban bonos municipales. Su idea era ayudar a los gobiernos locales de Estados Unidos a obtener mejores condiciones de financiación en los mercados, ya que los inversores estaban mucho más dispuestos a comprar deuda si esta estaba asegurada. Compañías como Ambac y MBIA tenían beneficios muy estables. Aunque la ciudad de Nueva York estuvo a punto de hacer suspensión de pagos en 1975, los bonos municipales habían sufrido impagos en muy contadas ocasiones. A partir de principios de la década de 2000, Ambac, MBIA y otras *monolines* empezaron a asegurar títulos hipotecarios porque los consideraban activos seguros.

—Bien, pues creo que ahora solo me falta un distribuidor para mis títulos —dije.

—En efecto —dijo Baltasar—. Es lo único que nos falta para que tu negocio de titulización de préstamos con garantía vacuna funcione a la perfección. Aquí es donde intervienen los bancos de inversión. Estos bancos también reciben el nombre de mayoristas, mientras que a los bancos tradicionales se les llama comerciales o minoristas. La banca mayorista distribuye los préstamos titulizados a inversores institucionales, sobre todo fondos de inversión, fondos de pensiones y compañías de seguros.

Todavía no podía imaginarme los quebraderos de cabeza que me iban a dar esos bancos de inversión.

Tres médicos para la economía

Baltasar decía que la economía de Estados Unidos contaba con la asistencia de tres médicos llamados Fannie Mae, Ginnie Mae y Freddie Mac.

Una de las medidas ideadas por el gobierno de Estados Unidos para curar la Gran Depresión de los años 1930 fue la creación de la Federal Housing Administration (FHA), que avalaba, y todavía hoy avala, a familias de ingresos bajos o medios para que puedan obtener un préstamo hipotecario de un banco. El aval implica que si el deudor deja de pagar, la FHA abona al banco la parte pendiente del préstamo.

En 1938, el gobierno americano creó una nueva entidad, la Federal National Mortgage Association, cuyas siglas dieron origen al nombre popular de Fannie Mae, que se encargaría de comprar, con dinero público, los préstamos que tuvieran el aval de la FHA. De esta forma, los bancos dispondrían nuevamente de dinero para volverlo a prestar.

En 1968, la guerra de Vietnam disparó el gasto público de Estados Unidos, a raíz de lo cual el gobierno de este país dividió Fannie Mae en dos. Privatizó una parte, que conservó el mismo nombre, y mantuvo otra parte bajo su tutela, la Government National Mortgage Association, conocida como Ginnie Mae. Fannie Mae pasó a financiarse con dinero de inversores privados.

En 1970, el gobierno creó la Federal Home Loan Mortgage Corporation, conocida como Freddie Mac, para que compitiera con Fannie Mae, y el mercado hipotecario fuera más eficiente y competitivo. El mismo año, Fannie Mae y Freddie Mac fueron autorizadas a comprar préstamos hipotecarios convencionales, es decir, no garantizados por la FHA u otro organismo gubernamental, lo cual incrementó significativamente la cantidad de dinero disponible para financiar la compra de viviendas.

Durante la recesión de 1991, las tres entidades, en especial Fannie Mae, fueron llamadas a socorrer la economía americana. Fannie Mae aprobó una iniciativa llamada "Abriendo puertas a una vivienda accesible" que consistía en un programa de compra de préstamos hipotecarios por valor de 10.000 millones de dólares. En 1994, el presidente Bill Clinton presionó a Fannie Mae para que aumentara su apuesta por la vivienda de propiedad. La entidad propuso su "Compromiso del billón de dólares" con el que asumía el reto de comprar, a lo largo de seis años, hipotecas por valor de esa cantidad (un millón de millones de dólares) que los bancos concedieran a familias jóvenes, inmigrantes o pertenecientes a minorías étnicas.

En 2002, la administración Bush volvió a llamar a los tres médicos para que ayudaran al país a salir de otra crisis, la que empezó en el año 2000 y que no hacía sino empeorar. En junio de 2002, el presidente George Bush lanzó el "Desafío de la vivienda propia en América", una iniciativa para que cinco millones y medio de familias pertenecientes a minorías étnicas consiguieran una vivienda de propiedad antes de 2010. Bush dijo que cada vez más ciudadanos deberían tener la oportunidad de alcanzar el sueño americano, y que el sistema financiero debía colaborar a ello con la introducción de nuevos tipos de préstamos hipotecarios. Para el presidente, la seguridad económica que proporcionaba una vivienda formaba parte de la seguridad nacional porque hacía que la gente se sintiera más arraigada. Los préstamos hipotecarios se convirtieron de este modo en un medio para salir de la crisis y en un instrumento para hacer el país más seguro.

En 2004, el gobierno de Estados Unidos pidió a Fannie Mae y a Freddie Mac que en un plazo de cuatro años, el 56% de los préstamos hipotecarios que compraran deberían haber sido concedidos a familias de bajos ingresos, y el 27%, a familias de ingresos muy reducidos. Representaba un incremento significativo desde 1996, cuando dichos porcentajes eran del 40% y del 12% respectivamente.

En 2006, el senador demócrata Jack Reed dijo que Fannie Mae y Freddie Mac "podían hacer más, mucho más" por los ciudadanos porque el precio de las casas se doblaba cada seis años mientras que los salarios solo aumentaban un 1% anual.

Me llamaba la atención la presión que el gobierno y el parlamento de un país ejercían sobre dos entidades privadas. Fannie Mae había abandonado la esfera pública en 1968, y Freddie Mac en 1989. Ninguna de ellas recibía fondos públicos. Ambas cumplían una misión social con criterios del sector privado. Dicha misión obedecía a la idea de que no hay que dar de comer al necesitado sino darle un préstamo para que se compre una caña de pescar. En este sentido, una buena parte de la política social era llevada a cabo por el mercado, de manera que el gobierno quedaba aligerado de su carga.

¿Ingeniería o milagro?

Le pregunté a Baltasar si todo lo referente a los títulos vacunos podía aplicarse a la titulización de préstamos hipotecarios, a lo que me contestó afirmativamente.

—En 1970, Ginnie Mae, la entidad que se escindió de Fannie Mae en 1968, llevó a cabo la primera titulización hipotecaria —me explicó —. En los años 1980 se sumaron Fannie Mae y Freddie Mac. Y en 1988 se autorizó a los bancos a hacer lo mismo.

—¿De dónde obtienen el dinero Fannie Mae y Freddie Mac?

—Piden prestado a los bancos y emiten deuda en los mercados. Por ejemplo, piden prestado al Banco A para comprar préstamos hipotecarios del Banco B. Ganan la diferencia entre el interés que obtienen de los préstamos comprados al Banco B y el interés que pagan al A.

—Piden prestado para comprar préstamos... —musité.

—Se quedan una tercera parte de los préstamos que compran pero titulizan el resto para vender los títulos a bancos, fondos de pensiones, compañías de seguros, etc. También garantizan préstamos hipotecarios concedidos por los bancos, a cambio de una comisión. Básicamente, son entidades aseguradoras de activos hipotecarios.

—Así, por ejemplo, ¿Fannie Mae pide prestado al Banco A para comprar préstamos hipotecarios del Banco B, avala y tituliza esos préstamos y se los vende al Banco C?

—Sí, y puede que el Banco C pida prestado al Banco D para comprar esos títulos —continuó Baltasar—. En teoría, para los bancos no hay riesgo porque si los préstamos subyacentes a los títulos no se pagan, Fannie Mae se encarga de ello.

—¿Y si Fannie Mae no pudiera pagar?

—Fannie Mae y Freddie Mac se han vuelto demasiado grandes para dejarlas caer, pues han comprado, garantizado o titulizado préstamos por valor de más de cinco billones de dólares, la mitad del total de la deuda hipotecaria de Estados Unidos. Los poderes públicos las han presionado tanto que los bancos suponen que el gobierno respaldará a ambas entidades si hubiera problemas.

—¿Simplemente suponen?

—Así es, pero es una suposición bien fundada. Todo el sistema está demasiado interrelacionado para dejar que se rompa un eslabón. Actualmente, la mayoría de entidades financieras convierte sus préstamos en títulos para vendérselos a otras y compra préstamos titulizados por otras.

Por lo que yo había entendido, los bancos titulizaban sus préstamos para transferir el riesgo y para tener un flujo constante de dinero. ¿Qué sentido tenía deshacerse de los propios préstamos para comprar los de otros bancos? No podía entenderlo pero preferí no interrumpir la explicación de mi amigo.

—Las entidades financieras —continuó Baltasar— encontraron un interés particular en la titulización de préstamos hipotecarios concedidos a personas de escasa solvencia, también llamados *subprime*, palabra que puede traducirse por subestándar, de segunda categoría o de baja calidad crediticia. Eso no significa que esas personas sean insolventes sino que podrían verse en dificultades porque no tienen ingresos elevados ni ahorros. Pero luchan por pagar sus deudas porque no quieren perder su casa. El riesgo de impago es menos elevado de lo que cabría suponer. La ventaja de los préstamos subestándar respecto a los préstamos a personas más solventes es que tienen un interés más elevado que puede compensar sobradamente el mayor riesgo relativo.

»Cuando las entidades financieras convierten esos préstamos en títulos hipotecarios, crean unos activos financieros rentables, pues el interés de los préstamos es alto, y al mismo tiempo seguros, porque cada título representa una cesta diversificada de préstamos. Aunque algunos de estos no se paguen, la mayoría no suele dar problemas, así que el riesgo global es bajo. Tanto es así que las agencias de calificación de riesgos, como Standard & Poor's, Moody's o Fitch, asignan a esos títulos la mejor nota crediticia, una triple A, la misma que dan a los títulos más seguros del mundo, los que emite el gobierno federal de Estados Unidos. Y ante un riesgo de impago prácticamente igual a cero, las *monolines* están bien dispuestas a asegurarlos contra el riesgo de impago.

Baltasar había vuelto a referirse al proceso de conversión de unos activos de riesgo en otros completamente seguros. ¿Volvía a exagerar? Si lo que decía era cierto, ¿cómo se hacía para transformar unos títulos basados en préstamos concedidos a personas de poca solvencia en otros igual de seguros que los títulos emitidos por el gobierno de Estados Unidos, que puede pagar sus deudas de tres maneras que no están al alcance de cualquiera, como aumentar los impuestos, imprimir dinero o emitir títulos de deuda pública? Y si esos activos se habían vuelto totalmente seguros, ¿por qué era necesario asegurarlos? Lo primero me seguía pareciendo un milagro. Lo segundo, un absurdo.

—¿Qué pasa si quiebra el banco que ha creado el título hipotecario? —pregunté.

—El título está garantizado por los deudores, no por el acreedor. Esta es otra de las grandes ventajas.

—¿De veras?

—El inversor no tiene que preocuparse de la solvencia del emisor. En cambio, si compras un título de deuda de una empresa, de un banco o de una administración pública, sí que corres el riesgo de perder todo tu dinero si el emisor se vuelve insolvente. La cuestión es que en estos casos solo hay un garante: una empresa, un banco, una administración pública. En cambio, un título hipotecario representa una participación en un conjunto de préstamos, de manera que está respaldado por multitud de deudores. Seguramente, algunos de ellos no podrán pagar pero la mayoría lo hará porque nadie quiere perder su casa.

Era asombroso. Era más seguro invertir en una cesta diversificada de préstamos otorgados a personas poco solventes que hacerlo en títulos emitidos por grandes empresas, bancos o gobiernos. Aunque la historia reciente parecía corroborar este punto de vista. En 2001 y 2002, quebraron dos empresas líderes en sus respectivos sectores, Enron y Worldcom, y el gobierno argentino hizo suspensión de pagos.

El gran invento

—El sistema financiero necesitaba inventar un producto totalmente seguro —continuó Baltasar— en el que se pudiera invertir todo el dinero que se quisiera sin miedo a perder. Así nacieron los CDO, siglas de *Collateralized Debt Obligation*, obligación de deuda garantizada. Puede tratarse de cualquier deuda, pero la más frecuente es la hipotecaria. Es un producto estructurado porque se puede dividir en tramos. Por ejemplo, un banco ha concedido cien millones de euros en préstamos hipotecarios arriesgados que dan un interés anual del 6%, o sea seis millones de euros. Luego los convierte en un título por el mismo valor. A continuación divide el título en varios tramos, por ejemplo en cinco tramos de veinte millones de euros cada uno.

—¿Como un billete de lotería?

—No, a cada tramo le asigna un riesgo y una rentabilidad diferente. Es como si un décimo de un número de lotería fuera más caro que los otros pero también tuviera más probabilidades de salir ganador.

—En tal caso, tendríamos un billete de lotería estructurado —dije.

—Exacto. El último tramo de un CDO es el de mayor riesgo pero el más rentable. Es el primero en asumir las pérdidas en caso de que las haya. Pero le corresponden más ganancias, por ejemplo dos de los seis millones de intereses. Eso supone un rendimiento del 10%. El tramo siguiente recibe 1,4 millones de euros de intereses, por lo que su rendimiento es del 7%, y así sucesivamente hasta el primer tramo, que recibe 800.000 euros de intereses, o sea que tiene un rendimiento del 4%. En contrapartida, este primer tramo sería el último en sufrir pérdidas, tanto en lo que respecta a los intereses como en el valor de los bienes hipotecados que garantizan los préstamos.

—Ya veo, los tramos más arriesgados son más rentables que la cartera de préstamos de donde proceden, y los más seguros son más seguros que ese activo original —dije, admirado—. Supongo que las pérdidas dependen de la morosidad de los deudores.

—En efecto.

—¿Y cuál es la tasa de morosidad de los préstamos *subprime*?

—Actualmente, el 12% se demora más de sesenta días.

—O sea, de los seis millones de euros de intereses, solo se reciben puntualmente unos 5,3 millones de euros —calculé—. Y el tramo más arriesgado solo cobra 1,3 millones euros de los dos millones previstos. O sea, que ese 10% de rendimiento es en realidad un 6,5%.

—Lo cual tampoco está mal, ¿no? Por otro lado, ahí entra la gestión del banco, que además puede cobrar intereses de demora. El resto de tramos queda a salvo. Eso es lo que se consigue con los CDOs: dividir el riesgo, de modo que el banco puede crear unos títulos indemnes a la morosidad hipotecaria.

—Me imagino que los títulos también pueden sufrir pérdidas si cae el valor de las casas hipotecadas que garantizan los préstamos —dije.

—Sí.

—En tal caso, si se vendieran todos los bienes hipotecados, el importe no cubriría el valor de los títulos. Si, por ejemplo, el valor de las casas que garantizan los préstamos es un 20% inferior al valor de los títulos, entonces el último tramo se lleva todas las pérdidas, ¿no es eso?

—Sí, pero los otros tramos quedan protegidos de ese riesgo —contestó Baltasar—. El tramo más seguro solo tendría pérdidas con una tasa de morosidad del 80% y con una caída del precio de la vivienda del 80%, lo cual es muy improbable. Por eso se considera que es totalmente seguro.

—Tanto como la deuda del Tesoro de Estados Unidos...

—Sí, y además da un rendimiento más elevado. Un CDO puede tener muchos tramos, pero como mínimo tres: el de mayor riesgo, que no recibe calificación de riesgo por parte de las agencias de valoración de créditos; el tramo medio, denominado *mezzanine*, que suele recibir una calificación media; y el tramo *senior*, que recibe una calificación alta, a menudo AAA, la mejor posible. Cuando el producto está dividido en muchas capas, puede haber varios tramos senior con calificaciones entre AA y AAA, varios tramos *mezzanine* entre A+ y BBB, y el último tramo, que suele denominarse *equity*.

—El tramo *equity* viene a ser como un parachoques —dije.

—Buena comparación...

¿Otro aviso?

Entre el 22 de noviembre y el 1 de diciembre de 2006, tuvo lugar una caída de un 4% que duró una semana. No era significativa pero la velocidad del descenso me dejó intranquilo. Decidí investigar si la nueva corrección tenía algo que ver con la anterior.

Lo que averigüé fue que en noviembre de 2006, una de las tres principales agencias de calificación, Moody's, había alertado de que, en Estados Unidos, el nivel de impagos de los préstamos hipotecarios *subprime* estaba siendo más elevado de lo esperado. Sin embargo, la bolsa americana apenas había perdido un 2%.

Dado que el retroceso era de escasa magnitud y tenía lugar cinco meses después del anterior, decidí no considerarlo como un aviso. Me sentí reconfortado. Podría seguir disfrutando de una bolsa alcista hasta finales de 2009, tal como era mi deseo.

Reinicio el contador de avisos de desplome

Entre el 19 de febrero y el 14 de marzo de 2007, el índice general de la bolsa española cayó un 9,1%. Era un aviso que podía iniciar una nueva serie.

Varias sociedades hipotecarias habían solicitado la quiebra. New Century, la tercera mayor del país, dijo que dejaría de hacer nuevos préstamos y que necesitaba fondos urgentes para sobrevivir.

Me sorprendió ver de qué forma tan súbita había empeorado la situación. Recordé que ya en junio de 2006 había tenido lugar una corrección relacionada con entidades hipotecarias, de una magnitud que entonces consideré desproporcionada.

—Puede que te pareciera desproporcionada respecto a la información de que disponíamos en aquel momento —me dijo Baltasar—. A menudo, las correcciones bursátiles no se deben a reacciones irracionales, como suele creerse, sino a las ventas rápidas de inversores bien informados, que han visto en una serie de noticias, aparentemente irrelevantes para la mayoría, un síntoma claro de deterioro.

—¿Cuál es el problema? —quise saber.

—Un problema relativamente pequeño: aumentan las personas que están dejando de pagar sus préstamos.

—Ha sucedido otras veces...

—Esta es la cuestión: algo que debería ser asumible está causando quiebras fulminantes.

Pero no era solo un problema de las sociedades hipotecarias. El tercer mayor banco del mundo, el británico HSBC, anunció elevadas pérdidas relacionadas con sus productos financieros basados en hipotecas *subprime*. Supuse que habría comprado los tramos más arriesgados de los CDOs.

—Es muy poco probable —me dijo Baltasar—. Los bancos solo compran los tramos más seguros, preferentemente si son AAA.

En un primer momento, esa observación me tranquilizó. Más tarde me di cuenta de que al mismo tiempo implicaba que el HSBC estaba perdiendo dinero con títulos totalmente seguros... Y si los bancos no adquirían los tramos más arriesgados, los parachoques de los flamantes CDOs, ¿quiénes los compraban, aparte de algunos fondos de alto riesgo?

Segundo aviso

Confiaba en que no hubiera más caídas que formaran una serie fatídica de tres avisos. Pero entre el 16 y el 30 de abril de 2007 hubo una nueva corrección, esta vez del 4,2%. New Century había quebrado y Citigroup, el mayor banco del mundo, anunció que iba a despedir a 17.000 empleados. El asunto *subprime* volvía a hacer acto de presencia. En tanto que la nueva corrección no era significativa, no la consideré como un nuevo aviso, aunque me quedé con las dudas debido a su estrecha conexión con la de febrero-marzo.

El excelente comportamiento de las acciones de la *monoline* Ambac, que en mayo de 2007 alcanzaron su máximo histórico en 90 dólares, hizo que me sintiera optimista. Las acciones de Ambac tenían una trayectoria increíble. Valían 6 dólares en 1991 y a principios de 2000 costaban 30 dólares. Entre febrero de 2000 y octubre de 2002 doblaron de valor a pesar de que la bolsa de Nueva York cayó un 40%. A lo largo de dieciséis años, se habían revalorizado un 18% anual.

El negocio de las *monolines*, como el de cualquier compañía de seguros, se basa en un cuidadoso análisis de probabilidades de ocurrencia de los riesgos asegurados. Así que si Ambac seguía batiendo récords históricos, significaba que había pocas probabilidades de que los títulos asegurados por las *monolines* dieran problemas.

Entre el 1 y el 7 de junio de 2007, hubo un nuevo retroceso, esta vez del 4,7% en menos de una semana. Me vi obligado a reconocer que se había producido un segundo aviso.

La existencia de dos avisos solo significaba que debía estar ojo avizor, no que tuviera que prepararme para vender.

Hice un alto en el camino para tomar perspectiva de lo que estaba ocurriendo.

En septiembre de 2006 el precio de la vivienda en Estados Unidos había bajado por primera vez en muchos años. Así que la "pata en el fango", tal como llamaba Baltasar a una de las bases del modelo de crecimiento de Estados Unidos, iba a ser engullida.

A ver, me dije, no se podía pretender que el precio de la vivienda subiera en línea recta. El ex-gobernador de la Reserva Federal, Alan Greenspan, lo veía así en septiembre de 2006, cuando dijo que dicha variable había hecho una pausa en su subida.

En enero de 2007 había recibido una guía sobre el mercado inmobiliario editada un mes antes por el *Wall Street Journal*, en la que se explicaba al inversor "serio y frugal" cómo "construir un imperio inmobiliario". Si el diario económico de más prestigio del mundo seguía apostando por una alza continuada del valor de la vivienda, ¿por qué iba a preocuparme por un hipotético crac inmobiliario al otro lado del Atlántico?

Las dos sociedades hipotecarias más grandes, Countrywide y Ameriquest, seguían resistiendo. Hacía solo unos meses, el presidente de Countrywide había recibido el galardón que más puede honrar a un banquero, el que concede la revista *American Banker*. Tan mal no estaría haciendo las cosas. Seguramente, se trataba de una crisis que expulsaría del mercado a las entidades que habían asumido riesgos excesivos pero las más sólidas saldrían reforzadas.

Contribuyó a mi optimismo escuchar, el 16 de julio de 2007, al ministro de Trabajo del gobierno español decir que entre 2010 y 2012 España lograría tener pleno empleo.

Bomba de insolvencia programada

Baltasar, que hacía de contrapeso a mi optimismo, quiso hablarme de lo que él llamaba bomba de insolvencia programada.

—A principios de la década de 2000, mucha gente se benefició de tipos de interés muy bajos y de **préstamos innovadores con los que se empezaba a pagar muy poco**, por ejemplo porque tenían carencia de capital durante los dos primeros años. También surgieron los préstamos con amortización negativa, en los cuales a cambio de pagar menos al principio, la deuda con el banco iba aumentando. De esta forma mucha gente podía pagar cuotas mensuales que no habría podido pagar en condiciones normales. Se volvía solvente.

—El interés de referencia de la Reserva Federal ha subido del 1% al 5,25% en cinco años —recordé.

—Una persona que en 2003 hubiera pedido un préstamo hipotecario a interés variable es posible que empezara pagando un 2% pero puede que ahora pague un 6,25%. Esto implica un aumento de la cuota mensual del 45% si el préstamo era a 20 años, del 66% si era a 30 años y del 87% si era a 40 años. Quienes necesitaron plazos más largos porque ya iban justos son los más afectados por la subida del interés.

47

—¿Y eso no estaba previsto? —pregunté.

—Sí, claro que estaba previsto —confirmó Baltasar—. Se sabe que los tipos de interés tienden a subir cuando la economía se recupera porque hay que evitar que un exceso de crédito genere inflación.

—Hacia 2002 —recordé—, cuando los tipos de interés eran muy reducidos, tanto el presidente de Estados Unidos como el gobernador de la Reserva Federal animaron a los bancos a prestar más y a crear hipotecas más flexibles. ¿Estás diciendo que las autoridades colocaron una bomba de insolvencia programada?

—Lo que creo es que las autoridades son muy ingenuas —dijo Baltasar—. Pensaron que la gente obtendría un incremento de patrimonio gracias al aumento de valor de sus casas y así podría hacer frente al previsible aumento de la factura de intereses. Funcionó mientras el precio de la vivienda subió, pero ya no.

—Me dijiste que la economía saltaría por los aires aunque no explotara la burbuja inmobiliaria. ¿A qué te referías?

—A que es necesario que el precio de la vivienda suba continuamente. Si se mantiene en un nivel elevado pero deja de subir, quienes han comprado una casa no pierden pero tampoco experimentan un incremento de patrimonio que les sirva para refinanciar sus hipotecas en caso de que no puedan hacer frente a los pagos mensuales.

Tercer aviso

Entre el 8 de agosto y el 17 de septiembre de 2007, el índice general de la bolsa española cayó un 9,8%. Era la primera vez desde el inicio del ciclo alcista que veía tres correcciones relevantes. Era posible que la bolsa estuviera avisando de un desplome.

Ameriquest, la segunda mayor sociedad hipotecaria de Estados Unidos, fue rescatada por Citigroup, entonces el mayor banco americano. El banco alemán IKB se convirtió en la primera víctima europea de la crisis *subprime*. Fue salvado de la quiebra por otros bancos alemanes.

Dos fondos del quinto mayor banco de inversión de Estados Unidos, Bear Stearns, que invertían en productos financieros basados en hipotecas, acababan de perder todo su capital. Uno de estos fondos, el High-Grade Structured Credit Fund no había tenido pérdidas ni un solo mes durante cuarenta meses consecutivos, y desde su creación, en octubre de 2003, hasta poco antes de su quiebra, había obtenido una rentabilidad media del 13% anual. Los gestores habían descubierto la piedra filosofal-financiera: la manera de obtener rentabilidades excepcionales sin riesgo. Pero en apenas cinco meses lo perdieron todo.

Era muy extraño. Solo un 15% de los deudores *subprime* se estaba demorando en sus pagos. Entonces, ¿por qué el High-Grade Structured Credit Fund lo había perdido todo si, como su nombre indicaba, invertía en títulos de elevada calificación, y había estado tan bien gestionado hasta el momento?

Un tercer suceso que agitó los mercados fue la difusión de rumores acerca de los problemas de liquidez del Northern Rock, la quinta entidad hipotecaria británica. El viernes 14 de septiembre de 2007, las oficinas del banco se vieron inundadas de clientes que querían retirar su dinero. Sin embargo, el lunes 17 el gobierno inglés anunció que garantizaba todos los depósitos de la entidad y los ánimos se calmaron.

—Ya no hay duda de que la bolsa está avisando de un desplome —quiso advertirme Baltasar.

Baltasar lo vendió todo poco después del tercer aviso, con el índice general de la bolsa de Madrid alrededor de los 1.520 puntos. Sin embargo, la recuperación fue espectacular: una subida del 16% hasta el 8 de noviembre y se alcanzó un nuevo máximo histórico de 1.725 puntos.

Parecía que la esperanza superaba al miedo. Confirmé mi impresión de que las turbulencias eran el eco de inversores con escasa confianza en un nuevo modelo de crecimiento que no cuadraba con sus esquemas. En un principio, había creído que el hecho de que cada aviso tuviera relación con el asunto de las hipotecas subestándar daba mayor relevancia a los mismos. Ahora veía las cosas de otro modo. La bolsa nos decía que había un segmento en crisis que debíamos evitar, nada más. Eran avisos para vender las entidades más expuestas al crédito hipotecario, no una advertencia para venderlo todo.

Una oferta irresistible

Una prueba de que la banca gozaba de excelente salud fue la operación de compra del banco holandés ABN-Amro por parte de tres bancos europeos, entre ellos el Santander.

Barclays, el primer banco del Reino Unido por volumen de activos, había pretendido, en abril de 2007, hacerse con el ABN-Amro por 67.000 millones de euros, lo cual hubiera supuesto descolgar al Royal Bank of Scotland (RBS) en la carrera que ambos mantenían para alzarse con la primera posición.

El presidente del RBS, Sir Fred Goodwin, quien había sido nombrado caballero en 2004 por el primer ministro británico Tony Blair por sus notables servicios a la banca, se interpuso en la operación de Barclays y ofreció 71.000 millones por el banco holandés, 38 euros por acción. El RBS se alió con los mayores bancos de España y Bélgica, Santander y Fortis respectivamente, para repartirse los activos del ABN-Amro.

Para Fortis la operación constituía un notable desafío, pues ABN era mucho mayor que él mismo. El Santander, que invirtió 20.000 millones de euros, se quedó con el Banco Real de Brasil, la cuarta entidad del país, y con el Antonveneta, el séptimo mayor de Italia. Fortis, que estaba presente en Bélgica, Holanda y Luxemburgo, se quedó con los activos del ABN-Amro en estos países, y el RBS, con el resto.

El Santander se propuso financiar la operación, la mayor de su historia, con 11.000 millones de euros de recursos propios, 5.000 millones de euros mediante la emisión de deuda y 4.000 millones mediante una ampliación de capital.

La emisión de deuda consistía en bonos convertibles en acciones. Estos bonos ofrecían una serie de atractivos irresistibles.

El primer año darían un interés del 7,5% y los años siguientes el rendimiento sería el euribor (tipo de interés que se cobran los bancos entre sí) más un 2,75%. Los bonos podrían convertirse voluntariamente en acciones en el mes de octubre de cada año, salvo en 2012, cuando el canje sería obligatorio.

Se fijó un precio de conversión de 16,03 euros. Así, 10.000 euros invertidos en los bonos se convertirían en 624 acciones (10.000 dividido por 16,03).

Dicho precio superaba en un 16% la cotización de las acciones del Santander en el momento de emitir los bonos. El banco fijó ese valor porque supuso que en un plazo de cinco años habría tiempo más que suficiente para que las acciones subieran al menos un 16%.

De este modo, los bonos eran un medio de invertir en bolsa sin riesgo: si en octubre de cada año las acciones estaban por debajo de 16,03 euros, el inversor no convertiría las acciones y continuaría con un bono a alto interés. Si las acciones estaban por encima de 16,03 euros, el inversor convertiría sus bonos en acciones y obtendría una plusvalía. Había que tener en cuenta que el bono solo pagaba intereses durante cuatro años ya que el quinto año había que convertirlo necesariamente en acciones. Pero estaba claro que entonces el Santander cotizaría por encima del precio de conversión.

La emisión de deuda tuvo lugar en septiembre de 2007, cuando la bolsa había dado una serie de tres avisos de desplome, pero su éxito fue tan arrollador —129.000 inversores adquirieron los llamados "Valores Santander"— que el banco la incrementó a 7.000 millones de euros.

Reajuste de expectativas

Hacía unos meses, había tomado la espectacular revalorización de Ambac como un síntoma de la buena salud del sector financiero estadounidense. En noviembre de 2007, las acciones de la *monoline* cayeron a 25 dólares y acumularon una pérdida de más del 70% en medio año. Entonces pensé que las aseguradoras de títulos no eran tan representativas del sistema financiero. Lo importante era que los bancos aguantaran el chaparrón y supuse que no se habrían dejado el paraguas en la oficina.

La cartera perfecta

En aquel tiempo, me reunía con frecuencia con Baltasar en alguna cafetería de la zona del Paseo de Gracia de Barcelona para intercambiar nuestras impresiones sobre la bolsa o para repasar la prensa económica del día. El 23 de noviembre de 2007 fue uno de esos días.

—Baltasar, hay algo que hace tiempo que me ronda por la cabeza.

—Tú dirás.

—En el ciclo bajista de 2000-2002, hubo varios valores que fueron a contracorriente. Subieron mientras el resto caía. En vez de fijarnos tanto en los ciclos de la bolsa, ¿no sería mejor seleccionar con cuidado una cartera de valores que evolucione mejor que el índice y que incluso pueda dar resultados positivos aunque la bolsa caiga? Te lo digo porque acabo de leer este titular: «Valores suculentos para ganar en 2008».

—Lo que está suculento es este bocadillo de tortilla.

Pensé que a Baltasar no le interesaba tocar el tema y me dispuse a seguir leyendo sin volver a molestarle.

—Dime de qué valores se trata —dijo Baltasar al cabo de unos minutos.

Levanté la vista y tras un breve silencio dije:

—Son las diez compañías que más se repiten entre los valores preferidos por diecisiete brokers y analistas de los de mayor prestigio del país. Se trata de Telefónica, BBVA, Iberdrola, Santander, Cintra, Mapfre, ACS, Enagás, BME y Repsol. Supongo que si uno hace una cartera con los valores que más veces están entre los seleccionados, tendrá muchas posibilidades de ganar.

—Verás, cada cartera seleccionada por cada bróker o analista obedece a un criterio. Si tú haces una selección de los valores que más se repiten en cada una de estas selecciones individuales, tendrás una cartera compuesta por valores que obedecen multitud de criterios diferentes, que es lo mismo que decir que no seguirá criterio alguno en concreto, o sea ningún criterio en absoluto. Las carteras de valores de los mejores inversores están disponibles en Internet. Cualquiera puede buscar los valores que más se repiten entre los seleccionados por los mejores y hacer una cartera perfecta. Pero la rentabilidad media de esa cartera siempre será parecida a la de los índices de referencia. Como te digo, será perfecta pero sin criterio.

—Bien —dije—. En diciembre, calcularé la plusvalía media de esas diez acciones y la compararé con la del IBEX-35. ¿Te apuestas una comida a que superará al índice en al menos un 5%?

Tras darnos un apretón de manos para sellar nuestra apuesta, pregunté:

—¿No podríamos nosotros hacer una selección de valores de acuerdo con un criterio determinado con el objetivo de batir la rentabilidad del índice?

—No es mi estilo —dijo Baltasar—. Cuando la bolsa sube, me conformo con ganar lo mismo que todo el mundo. Pero cuando baja, no quiero estar ahí.

Perspectivas favorables

A principios de 2008, en otra de nuestras "reuniones bursátiles", di con un titular que atrajo mi atención: «Así ven 2008 los analistas.»

—Baltasar, te leo lo que dice aquí: «El ciclo alcista de las bolsas continuará en 2008. Al menos las bajadas no aparecen en los cálculos de los analistas para el próximo ejercicio. La evolución de la economía global y de los beneficios empresariales, sumado a unas valoraciones aún atractivas, permitirían dar un paso más en las subidas.»

Para no extenderme demasiado, me salté algunas líneas.

—Luego dice que los expertos esperan mayoritariamente que las bolsas internacionales suban entre un 5% y un 15%, y que la bolsa española lo haga un 10%. Te sigo leyendo: «A su favor, la bolsa española podría tener un comportamiento más favorable de los beneficios en sus empresas cotizadas. Los analistas confían en que el ritmo de mejora de los resultados se mantenga en dobles dígitos en 2008, con incrementos medios que podrían rozar el 14%, por encima del 12% previsto para las compañías europeas.»

—Ha habido varios años en los que los beneficios de las empresas han aumentado y la bolsa ha caído —me recordó Baltasar—. No se puede hablar de una relación causa-efecto entre beneficios de las empresas y revalorización de las acciones.

—Debería ser así, porque...

—Claro que debería ser así, pero no es así. Lo que es rizar el rizo es pronosticar que la bolsa va a subir porque pronosticas que los beneficios de las empresas van a aumentar.

A pesar de que Baltasar lograba ponerme continuamente en alerta, cada vez que analizaba la situación fríamente volvía a pensar que las turbulencias de la bolsa no eran tan preocupantes. Llevábamos tres avisos desde febrero de 2007 pero el mercado había subido un 14% desde el tercer aviso. El 11 de diciembre de 2007, el índice estaba a 1.721 puntos, muy cerca del máximo histórico del mes anterior. Si había volatilidad era porque los inversores vendían para realizar beneficios con el objetivo de recomprar más adelante las mismas acciones a mejor precio. Formaba parte de la dinámica de la bolsa. No había que darle más vueltas. Considerar esas fluctuaciones como un mal presagio suponía negar la naturaleza misma de un mercado cuya actividad consiste en comprar y vender en función de unas expectativas, y cuyas oscilaciones obedecen al difícil equilibrio entre el deseo de ganar y el miedo a perder.

Si hubiera prestado oídos a la persistente amenaza de que el lobo iba a comerse mis ganancias, lo hubiera vendido todo en junio de 2007, o incluso antes si hubiera hecho otra interpretación de los avisos. Ahora, con la bolsa en lo más alto, lo estaría lamentando.

La mayoría de los expertos coincidía en que los problemas financieros de Estados Unidos se resolverían en breve y, lo más importante, que no afectarían a España. A mediados de enero de 2008, el servicio de asesoramiento *The Economist Intelligence Unit* decía que solo una minoría de analistas esperaba que la economía española entrara en recesión. Ben Bernanke, el presidente de la Reserva Federal, dijo que Estados Unidos lograría evitar el decrecimiento.

Otros hablaban de "desaceleración" en Europa, un término que implica que la economía sigue creciendo pero a un ritmo menor. Por tanto, tiene un significado muy diferente al de "recesión", que supone hacer marcha atrás. Era vista como algo positivo, en el sentido que garantizaba un crecimiento más sostenible. Además, podría propiciar que el Banco Central Europeo redujera los tipos de interés para evitar que la desaceleración se convirtiera en una marcha atrás. Eso era alentador para la bolsa. La perspectiva de desaceleración económica podría acelerar el pulso bursátil.

Incluso algunos de los analistas más pesimistas creían en el axioma de que crisis equivale a oportunidad. La agencia de calificación de créditos Standard & Poor's esperaba que el sector financiero americano continuaría desplomándose en 2008 y 2009. Afirmaba que las entidades financieras más débiles serían barridas del mapa pero que las más fuertes tenían capacidad para resistir circunstancias muy adversas y se les presentaría la oportunidad de reforzar su posición en el mercado. Por tanto, comprar acciones de los principales bancos era apostar por las entidades que iban a salir ganando.

En su informe de estabilidad financiera de diciembre de 2007, el Banco Central Europeo hacía un análisis exhaustivo de las tensiones financieras. Indicaba que los principales bancos europeos no estaban siendo afectados por las mismas y que contaban con una sólida posición de capital. También señalaba que las perspectivas económicas eran favorables en líneas generales y que la mayoría de las economías domésticas y de las empresas era solvente, lo cual avalaba la fiabilidad del conjunto del sistema financiero europeo.

En general, el mensaje era: para las entidades ineficientes había crisis. Para las eficientes, había oportunidades.

Me fui haciendo a la idea de que la oportunidad consistía en estar dentro, no fuera.

Fuera como fuere, los vientos eran favorables. Habría un crecimiento más saludable. Si había riesgo de recesión, los tipos de interés bajarían. Si la crisis empeoraba, solo eliminaría los elementos ineficientes. La crisis, si la había, sería buena.

¿Desplome o cuarto aviso?

Se suele decir que enero es el mes más positivo para la bolsa. Es lo que se conoce como "efecto enero".

Enero de 2008 no fue, ni mucho menos, positivo. Entre el 14 y el 23 de ese mes, la bolsa española se despeñó un 14,5% y acumuló un descenso del 22,9% desde el máximo histórico de noviembre de 2007. El peor día fue el 21, que se saldó con una pérdida de un 7,1%.

Tuve que reconocer que si hubiera hecho caso de los tres avisos de desplome, ahora me estaría frotando las manos como lo estaba haciendo mi amigo Baltasar. Pero decidí ver el lado positivo de las cosas: el desplome ya se había producido. Baltasar creía, en cambio, que se trataba de un cuarto aviso.

¿Qué había sucedido?

El día 11, Countrywide había sido salvada de la quiebra por Bank of America. En febrero de 2007 había caído la tercera mayor sociedad hipotecaria; en agosto de 2007, la segunda. Y ahora le había llegado el turno a la primera, que además era la entidad financiera que concedía más préstamos hipotecarios de Estados Unidos, más que cualquier banco del país.

—Bueno —le dije a Baltasar—, lo importante es que los bancos de inversión y los bancos comerciales siguen resistiendo.

—¿Recuerdas que Citigroup compró Ameriquest en agosto de 2007 para salvarla de la quiebra? Ameriquest lo ha contaminado y Citigroup ha tenido las mayores pérdidas desde su creación en 1812. El gran banco se ha convertido en el mayor quebradero de cabeza de los mercados. Su lema es "Citi nunca duerme" pero ahora el banco insomne no deja dormir a nadie. Algunos de sus ejecutivos, al igual que los de Merrill Lynch, han tenido que irse de gira a Oriente Próximo para pedir dinero a los jeques del petróleo, ya que en Estados Unidos nadie quiere prestárselo. Bueno, no piden dinero sino una inyección de capital, así parece más un problema de salud.

No podía creer lo que estaba ocurriendo. En mi esquema de las cosas, eran los bancos quienes denegaban créditos y ahora resultaba que nadie quería prestar dinero nada menos que al mayor de todos ellos.

—Decían que los grandes bancos iban a salir ganando con la desaparición de las entidades financieras menos eficientes —recordé.

—Citigroup quiso aprovechar la oportunidad para hacerse aún más grande comprando Ameriquest —me aclaró Baltasar—. Lo hizo de forma tan precipitada que no sabía lo que compraba y las pérdidas de la sociedad hipotecaria se han añadido a las suyas propias. El segundo mayor banco de Estados Unidos, Bank of America, parece seguir el mismo camino al comprar los restos de Countrywide.

El día 18, Fitch había rebajado la nota a Ambac, de un 10 sobre 10 a un 9 sobre 10. En el lenguaje de las agencias de calificación de riesgos, había reducido la calificación crediticia de Ambac en dos escalones, de AAA a AA (entre ambas está la calificación AA+, que equivaldría a un 9,5 sobre 10). Solo por eso, en dos días las acciones de la *monoline* se derrumbaron de 22 a 6 dólares. Habían tardado dieciséis años en subir de 6 a 90 dólares y ocho meses en caer de 90 a 6 dólares.

La caída vertiginosa de la cotización de Ambac sugería que los inversores temían una quiebra de la compañía. Pero Ambac no solo aseguraba títulos hipotecarios *subprime* sino también títulos hipotecarios convencionales, bonos municipales y otros activos financieros. Si solo una parte de los activos que garantizaba eran títulos *subprime* y solo una proporción relativamente reducida de deudores *subprime* se demoraba en sus pagos, ¿por qué se esperaba la ruina de la entidad?

El sábado 19 de enero, Société Générale descubrió que uno de sus empleados de mayor confianza, Jérôme Kerviel, había hecho una serie de apuestas muy arriesgadas en bolsa, supuestamente sin conocimiento de sus superiores. Como el mercado llevaba ya algunos días cayendo, el segundo mayor banco de Francia tuvo que deshacer las operaciones de Kerviel para frenar las pérdidas y el lunes 21 inundó el mercado de órdenes de venta.

—La caída del mercado del día 21 fue debida a una avalancha de órdenes de venta generada por la necesidad de cierto banco de cerrar operaciones de alto riesgo —dije, intentando restar importancia al suceso.

—El propio Kerviel ha advertido que otros operadores hacen lo mismo que hizo él porque el banco les recompensa con un bono que triplica el salario si obtienen beneficios extraordinarios —replicó Baltasar —. No es una mera anécdota: nos recuerda que los bancos incentivan a sus empleados a asumir riesgos excesivos.

Baltasar consideraba este suceso como un signo de lo que estaba pasando en muchas entidades financieras. A mí me preocupaba algo distinto. Société Générale había perdido 4.900 millones de euros a raíz de las operaciones de Kerviel y unas semanas más tarde hizo una ampliación de capital de 5.500 millones de euros.

—Qué fácil lo tienen los bancos para resarcirse de sus pérdidas —dije—. Tapan sus agujeros con el dinero de los accionistas. Lo que me pregunto es cómo el mercado accede a darles el dinero.

—Al mercado le gustan los caramelos —dijo Baltasar—. El banco ofrece acciones a 47,5 euros, con un descuento del 39% respecto al precio de mercado. Pero en realidad, eso no beneficia a los accionistas porque cuanto más baratas se ofrecen las acciones, mayor es el número de acciones nuevas que hay que emitir. Esto significa que los dividendos futuros tendrán que repartirse entre un número mucho más grande de acciones.

Desacoplamiento

Todas las correcciones que había experimentado la bolsa tenían que ver con las hipotecas *subprime* de Estados Unidos. Para entonces, en Europa se empezó a usar el término "desacoplamiento" para indicar que, por primera vez en la historia, los problemas de la economía estadounidense no iban a afectar al resto del mundo. El 21 de enero de 2008, el portavoz de los ministros de Finanzas de la zona euro dijo que ya no se podía excluir una recesión en Estados Unidos pero que Europa estaba a salvo del contagio porque tenía indicadores "sanos" y su situación económica estaba "desvinculada de la americana". Por su parte, el director gerente del Fondo Monetario Internacional dijo que los países emergentes seguían teniendo un fuerte crecimiento y que continuarían tirando de la economía mundial.

Una prueba del desacoplamiento era que los bancos españoles habían empezado a publicar unos excelentes resultados del ejercicio 2007, y para 2008 esperaban mejorarlos.

Me desacoplé del pesimismo de Baltasar y me apunté al optimismo de Black Rock, una de las mayores gestoras de activos del mundo, que afirmaba que los mercados de renta variable (o sea, las bolsas) proseguirían su marcha alcista después del bache de enero y alcanzarían nuevos máximos históricos.

Sin embargo, no podía dejar de sentirme inquieto. De todas las preguntas para las que todavía no hallaba respuesta, había dos en particular que no cesaban de rondarme en la cabeza. ¿Por qué las entidades financieras perdían tanto dinero, y de forma tan repentina y abrumadora, si solo una mínima parte de los préstamos era irrecuperable? Si los bancos habían hallado en la titulización de préstamos el modo de transferir los riesgos de su actividad crediticia a los inversores que compraban los títulos, ¿por qué estaban al borde del abismo?

Capítulo 2 – Viaje al Sur

Primer aviso de ciclo bajista

Baltasar y yo no estábamos de acuerdo acerca de si la caída del 14-23 de enero era el desplome que había sido anticipado por los tres avisos precedentes, o si era un cuarto aviso.

En realidad, la cuestión no era demasiado relevante. El día 21 de enero, con el índice a 1.365 puntos, había tenido lugar un aviso de ciclo bajista. Como decía Baltasar, la bolsa acababa de lanzar un S.O.S. (Salir O Sufrir).

El índice general había alcanzado un máximo relativo de 1.706 puntos el 1 de junio de 2007. Para mí era el máximo relevante porque el máximo absoluto de 1.724 puntos que tuvo lugar el 8 de noviembre de 2007 se debió casi por completo a la positiva evolución de un solo valor, Telefónica, que entre el 1 de junio y el 8 de noviembre subió un 35%. Es decir, el 21 de enero de 2008, el índice acumuló una caída de más del 15% en un período superior a cuatro meses y además marcó el nivel más bajo desde el máximo anterior. Dado que desde el aviso hasta la conclusión del ciclo solían ocurrir entre ocho y once meses, estimé que el final llegaría en algún momento entre septiembre de 2008 y enero de 2009.

Viajo en buena compañía

El 24 de enero, la bolsa subió un 6,5% gracias a que la Reserva Federal había rebajado el tipo de interés oficial al 3,5% en una reunión extraordinaria, y al anuncio de que no se dejaría quebrar a ninguna *monoline* importante. En dos días, Ambac subió un 121%.

—Acaba de empezar el ciclo bajista y el mercado ya ha sucumbido a la sirena Intereses Bajos —observó Baltasar.

Los bancos españoles seguían dando muestras de estar en buena forma. BBVA, el segundo mayor del país, presentó unos excelentes resultados correspondientes al ejercicio 2007, con un incremento de beneficios del 29%, y anunció una mejora del dividendo del 15%.

—Ahora eres tú quien no se resiste a los encantos de la sirena Beneficios Suben —me dijo Baltasar.

—Ni mucho menos —me defendí—. La buena marcha de los bancos españoles es una señal de que aquí estamos a salvo del excesivo desarrollo de la innovación financiera. Por suerte, no somos tan sofisticados. La bolsa española solo está mimetizando las oscilaciones de la bolsa americana pero no hay un contagio real.

Por otro lado, tal como yo lo había interpretado, un aviso te hacía ver una realidad que estabas negando. Por ejemplo, si te resistías a reconocer la gravedad de los problemas, te hacía despertar. Si no querías vender para evitar perder, hacía que te decidieras. Pero el aviso de enero no me parecía coherente con la situación económica.

—En el ciclo bajista 2000-2002 —dije— el aviso de octubre de 2000 tuvo lugar cuando la burbuja tecnológica ya había pinchado. En aquella época, el sector tecnológico representaba la nueva economía. Ahora, en cambio, lo *subprime* no es más que un subsector de un sector.

—Tal vez estás negando la gravedad de los problemas, Caos...

No pude evitar hacer una rápida inspiración.

—El Fondo Monetario Internacional —continué— acaba de descartar una recesión en Estados Unidos gracias a la buena marcha de las empresas no financieras, al apoyo de la Reserva Federal a los bancos, a la reducción del tipo de interés oficial y a los recortes de impuestos del presidente Bush.

—Ahora estás escuchando a la sirena Economía Crece y, de paso, a las otras dos —dijo Baltasar.

—Lo que digo simplemente es que la situación no ha cambiado tanto como da a entender la crisis *subprime*.

—Te recuerdo que un ciclo bajista supone un pequeño cambio: la bolsa solo baja una tercera parte más del tiempo que en un ciclo alcista.

El 29 de enero de 2008, el director general de una de las mejores gestoras de fondos de inversión de Europa, Bestinver, dijo que la probabilidad de que la bolsa continuara cayendo era muy baja. Dos de las mayores fortunas del país, Alicia Koplowitz y Amancio Ortega, incrementaban o mantenían su inversión en los dos principales bancos del país, Santander y BBVA.

Me puse al corriente de las predicciones de Elaine Garzarelli, la gestora estadounidense que se hizo célebre por anticipar el crac de 1987. El día 19 de octubre de aquel año, las bolsas cayeron un 20% mientras que el fondo de inversión gestionado por ella se revalorizó un 5%. Garzarelli utiliza catorce indicadores que señalan si la bolsa está sobrevalorada o no. Antes del desplome de 1987, esos indicadores daban una sobrevaloración del 30%. Antes de la fase bajista de 2000-2002, una sobrevaloración del 50%. En cambio, ahora ofrecían una lectura opuesta: la bolsa americana estaba infravalorada en un 30%. Por este motivo, la analista anticipaba un 2008 alcista.

El 1 de febrero, Microsoft lanzó una OPA (oferta pública de adquisición) por Yahoo, y ofreció pagar un precio que superaba en un 62% la cotización de mercado de las acciones del portal de Internet. También supe que el inversor con mejor historial del mundo, Warren Buffett, había estado comprando acciones recientemente. Si Bill Gates, dueño mayoritario de Microsoft, y Warren Buffett, las dos mayores fortunas de Estados Unidos, estaban comprando en bolsa, entonces no era una crisis sino una oportunidad.

Cotiza lo positivo

El 30 de enero hubo otra noticia positiva. La Reserva Federal volvió a bajar el tipo de interés oficial por segunda vez en una semana y este quedó al 3%, su nivel más reducido desde mayo de 2005.

En cambio, el día siguiente recibimos una noticia "terrible". La agencia de calificación de riesgos Fitch había retirado su mejor nota a otra *monoline*, FGIC. En vez de confirmarle el 10 que tenía, le había puesto un 9 a su capacidad para hacer frente a sus deudas, tal como había hecho recientemente con Ambac.

FGIC era la cuarta mayor aseguradora de instrumentos financieros del país. Había asegurado activos por un total de 315.000 millones de dólares contra el riesgo de impago. Se trataba principalmente de bonos municipales (bonos emitidos por gobiernos locales) pero también de unos 31.000 millones de dólares de productos basados en hipotecas *subprime*.

El mismo día de la rebaja de calificación de FGIC, la bolsa mostró su capacidad para valorar lo positivo. MBIA, la mayor *monoline* de Estados Unidos, presentó las mayores pérdidas de su historia. Sus acciones empezaron el día desplomándose pero el presidente de la compañía compareció ante los medios de comunicación para asegurar que estaba trabajando con la agencia de calificación de riesgos Moody's para mantener su nota AAA. Las acciones se dieron la vuelta y acabaron subiendo un 8%.

Primera oportunidad para abandonar el barco

El 4 de febrero, la bolsa española había subido un 10,2% desde el 23 de enero. De acuerdo con los principios de Baltasar, era la primera oportunidad para vender tras el aviso de fase bajista del mes anterior. Opté por dejarla pasar.

Unos pesimistas contribuyeron a mi optimismo. Analistas del banco suizo UBS, que tenían expectativas muy negativas para la economía española, decían que los inversores podían ganar la partida al ciclo bajista si apostaban ahora mismo en algunas de las empresas que más habían bajado, como la constructora FCC o la aseguradora Catalana Occidente, a las que otorgaban un potencial alcista de entre un 50% y un 75%.

Poco después, trascendió que una de las mayores gestoras de inversión del mundo, la estadounidense Capital Group, considerada como una de las "dueñas del mercado" porque el volumen de sus inversiones en acciones de todo el planeta casi equivalía a la renta nacional de España, había estado invirtiendo en bolsa española y poseía nada menos que el 5% del capital del Banco Santander y de Inditex así como participaciones relevantes en otras entidades significativas como Telefónica, BBVA y Gas Natural.

El banco hipotecario británico Northern Rock, que ya había sido víctima de una retirada masiva de depósitos en septiembre de 2007, no pudo devolver el crédito que el Banco de Inglaterra le había concedido para evitar su quiebra y se convirtió en la primera entidad financiera británica en ser nacionalizada desde la década de 1970. La bolsa cayó un 1% ese día pero se recuperó rápidamente.

El Northern Rock había tenido una evolución de beneficios espectacular en los últimos años. Eso me recordó que cuando invertimos en bolsa no debemos fijarnos únicamente en la cuenta de resultados de las entidades sino también en el balance de situación. Ahí hubiéramos visto que el Northern Rock se estaba endeudando cada vez más.

Víctima propiciatoria

Entre el 27 de febrero y el 17 de marzo de 2008, atravesamos una nueva zona de turbulencias.

El día 26 de febrero había trascendido que el precio de la vivienda en Estados Unidos había bajado un 9% en 2007, la mayor caída en veinte años.

—El presidente de la Reserva Federal, Alan Greenspan, ha dicho que la crisis acabará cuando el precio de la vivienda deje de caer —me diría Baltasar unos días más tarde—. Él sabe mejor que nadie que esta es la variable clave.

Corrieron rumores de que Bear Stearns, el quinto banco de inversión americano, tenía graves problemas de liquidez. Más tarde, se haría público que el banco tenía una elevada liquidez en aquellos momentos, lo que dio lugar a varias teorías conspirativas. Bear Stearns solo sobrevivió unos días a sus problemas, ciertos o no, de liquidez. El día 14 de marzo de 2008 fue adquirido a precio de saldo por el tercer mayor banco comercial de Estados Unidos, JP Morgan.

El mismo día de su colapso, Bear Stearns contaba con una nota crediticia alta, una A, que equivale a un 7,5 sobre 10. ¿Cómo debía interpretar esa circunstancia? ¿Tenían razón quienes aseguraban que los rumores habían sido intencionadamente falsos y tenían como único objetivo conseguir la ruina del banco? ¿O bien las agencias de calificación de riesgos no sabían qué había dentro de los bancos?

La caída de Bear Stearns trajo una extraña calma. El sacrificio había aplacado la furia del mercado, al menos momentáneamente.

Cuando los acreedores deben más dinero que los deudores

—Parece que ni las agencias de calificación de riesgos se daban cuenta de lo que le ocurría al banco de inversión —dije.

—Tal vez las agencias veían algo que se había vuelto tan ubicuo que ya no eran conscientes de verlo: el amplificador del pequeño problema.

—Para empezar, ¿de qué pequeño problema hablas, Baltasar?

—De la morosidad hipotecaria y de los préstamos fallidos. Bueno, no es que sea un pequeño problema. Pero sin ese amplificador, hubiera sido perfectamente asumible para la mayoría de las entidades financieras. Por otro lado, hay que tener en cuenta que la morosidad hipotecaria se reparte a partes casi iguales entre los préstamos *subprime* y los *prime,* tal como se llama a los préstamos concedidos a personas solventes.

—No puede ser —dije—. Ya es del 20% para los *subprime.* En cambio, solo el 5% de los *prime* tiene retrasos.

—De 2004 a 2006, del total de préstamos hipotecarios concedidos, entre la quinta y la cuarta parte han sido *subprime* y el resto han sido *prime.* La morosidad de todos los préstamos hipotecarios más recientes es del 9%. De ese porcentaje, un 5% corresponde a los *subprime* y un 4%, a los *prime.*

—Ahora lo entiendo. El porcentaje de deudores *prime* morosos es mucho menor que el de deudores *subprime.* Pero hay muchos más prestatarios *prime* que *subprime.*

—Y eso es solo una tasa de morosidad, no de préstamos fallidos —recalcó Baltasar.

—Así, pues ¿cuál es ese amplificador?

—El apalancamiento —contestó Baltasar—. Las entidades financieras se piden dinero prestado entre sí, o emiten títulos de deuda en el mercado, para invertir el dinero recaudado en nuevos préstamos o en deuda titulizada. En realidad, es la actividad típica de la banca: invertir el dinero de otros y obtener un diferencial entre lo que cobran y lo que pagan, ya sea a sus clientes, a otros bancos o a los inversores que compran su deuda. Si tengo un papel que me dice que soy propietario de una deuda...

—¿Propietario de una deuda?

—Dicho de otro modo, que tengo un derecho a cobrar una deuda. Supón que esa deuda es de 2.000 euros. Habré invertido esa cantidad de dinero. Si resulta que solo se pueden recuperar 1.500 euros, pues bueno, habré perdido 500 euros. Pero si pedí 8.000 euros prestados para invertirlos en cuatro deudas de 2.000 euros...

—¿Cómo? ¿Invertir en una deuda? Pero, ¿no se invierte en un activo?

—Un activo es un derecho de cobro. Si tú prestas dinero, es como si compraras una deuda. Si, como decía, compro cuatro deudas de 2.000 euros, de las que ahora solo se puede recuperar 1.500 euros de cada una, habré perdido 500 euros por cada deuda comprada: un total de 2.000 euros, todo el dinero que tenía. Y eso que solo estaba apalancado cuatro veces, o sea que debía cuatro veces lo que tenía.

—Entonces el problema es una combinación de dos factores: morosidad de los deudores y apalancamiento de los acreedores.

—Sí: un problema relativamente pequeño que, multiplicado varias veces, se convierte en un gran problema. Es como si tú tuvieras un millón de euros y pidieras un préstamo de 20 millones de euros para comprar acciones. En total tendrías activos por 21 millones de euros. Estarías apalancado en un factor de 21. Si tus acciones cayeran un 5%, que sería una pérdida moderada, perderías todo tu capital porque esa pequeña pérdida se multiplicaría por tu factor de apalancamiento. Los bancos suelen estar apalancados entre 15 y 30 veces. Es suficiente con que los productos en los que invierten causen pérdidas moderadas como para que lo pierdan todo. Pero Fannie Mae y Freddie Mac baten todos los récords: su factor de apalancamiento es de más de 60.

—¿Cómo pueden dos entidades que están reguladas por la ley haberse endeudado tanto?

—Precisamente porque se lo autoriza la ley. Fannie Mae y Freddie Mac pueden tener 2,5 dólares de capital por cada 100 dólares de activos. Es decir, cuando compran un préstamo hipotecario a un banco por valor de 100.000 dólares, pueden financiar esa compra con 97.500 dólares de deuda, que obtienen emitiendo títulos en el mercado o pidiéndolo prestado a los bancos.

—Ya veo. El problema no lo han creado tanto los deudores sino los acreedores.

—¡Los acreedores están mucho más endeudados que los deudores! Uno puede deber la hipoteca, el coche, la factura del taller y las vacaciones del año pasado. Sin duda, eso es mucho. Pero los acreedores deben a todos sus vecinos.

—Qué raro... —musité—. Que los acreedores deban más dinero que nadie...

El efecto palanca no bastaba para entender por qué los bancos se iban a pique tan deprisa. Estos no solo sufrían pérdidas moderadas que eran magnificadas por su elevado apalancamiento. En muchas ocasiones, el problema era de otra dimensión: los títulos hipotecarios en los que habían invertido habían perdido gran parte de su valor. Pero, ¿cómo era posible si los bancos prácticamente solo compraban títulos que habían sido calificados con matrícula de honor o sobresaliente por las agencias de calificación de riesgos y si la tasa de morosidad no superaba el 20% en el peor de los casos?

Confianza a la baja

—Ya ves cómo se está deteriorando la situación, Caos. Empezó con algunas sociedades hipotecarias pequeñas, luego fueron las medianas, luego las grandes, y ahora les llega el turno a los bancos de inversión. En el mundo de la banca, todos saben que los productos basados en hipotecas *subprime* están presentes de alguna forma en todas las entidades financieras de Estados Unidos. Todas los compraban porque eran seguros y rentables y, lo que es más importante, se apalancaban para comprar más, precisamente porque eran seguros y rentables. Y los bancos de Estados Unidos no solo se han prestado dinero entre sí, también han recibido financiación de bancos europeos. Si los primeros caen, arrastrarán consigo a la banca europea.

Le dije a Baltasar que los miembros del Eurogrupo (los ministros de economía de la zona euro y el presidente del Banco Central Europeo, que se reúnen una vez al mes) estaban seguros de que los problemas no llegarían aquí.

—Hace poco, descartaban la recesión en Europa —me recordó Baltasar—. Mientras que en Estados Unidos el presidente George Bush evita usar esa palabra y habla de "crecimiento claramente lento", hace unas semanas los miembros del Eurogrupo se referían a una "hipotética desaceleración". Después, dijeron que Europa solo estaba por debajo de su potencial. Ahora, que en caso de que haya recesión, cuentan con todo un arsenal de instrumentos para ponerla a raya. No pasa nada, dicen, pero se ponen a la defensiva. ¿Te das cuenta de que la confianza en la economía también ha iniciado su ciclo bajista? Lo mires como lo mires, hay temor e inseguridad. Siempre que la incertidumbre domina la situación, pasan varios meses hasta que logra restablecerse un grado razonable de certeza.

Sospechas

El viernes 7 de marzo, la Reserva Federal acudió en ayuda de los bancos poniendo a su disposición 100.000 millones de dólares y el lunes 10 otros 200.000 millones. En teoría, los bancos podían acceder a esa línea de crédito dejando como garantía títulos de elevada calidad, incluyendo los respaldados por hipotecas *subprime*.

Me extrañó que aún hubiera en el mercado títulos *subprime* con matrícula de honor o excelente.

Entonces me acordé de que Bear Stearns estaba valorada, como entidad, con una A (un 7,5 sobre 10) antes de ser barrida del mapa. Parecía que la vista de las agencias de calificación de riesgos empeoraba con el tiempo: a Enron le habían puesto BBB- (un 5,5 sobre 10) antes de su colapso.

Me incliné por pensar que las agencias de calificación estaban manteniendo notas altas a muchas entidades, y a muchos activos financieros, incluyendo títulos hipotecarios, a sabiendas que no las merecían, para evitar que cundiera el pánico. Esas calificaciones eran casi una ley en los mercados. ¿Querían las agencias ayudar a los bancos a colocar sus depreciados activos a la Reserva Federal?

Lluvia de dólares

La bolsa celebró la lluvia de dólares y se restableció del susto de Bear Stearns.

—La Reserva Federal está creando dinero de la nada para prestárselo a los bancos —me dijo Baltasar—. Al inundar el mundo de dólares, está consiguiendo hacer caer la moneda americana. Eso le va muy bien a la economía de Estados Unidos: nada mejor que aumentar las exportaciones cuando en tu país la gente ya no consume como antes. Pero a Europa le va muy mal porque al mismo tiempo que el dólar cae, el euro se aprecia y esto encarece las exportaciones de todos los países europeos. Los que peor lo tienen son los países donde los precios han subido más desde la adopción del euro: Irlanda, Grecia, Portugal y España.

—El presidente Bush ha dicho que es absolutamente partidario de un dólar fuerte —dije.

—Son declaraciones para quedar bien ante los socios europeos. De esta manera niega diplomáticamente la realidad: que Estados Unidos está llevando a cabo una devaluación competitiva.

Predicción cumplida

La bolsa no compartió el pesimismo de mi amigo e inició una sólida recuperación.

Llegó a mis manos un estudio de JP Morgan, el mismo banco que acababa de comprar Bear Stearns. El informe afirmaba que en los últimos 25 años habían quebrado cuatro grandes entidades financieras, sin incluir a Bear Stearns, y que después de cada una de esas cuatro quiebras la bolsa de Nueva York había subido un promedio de un 10% en los siguientes seis meses y un promedio de un 17% al cabo de un año.

Conclusión: cuando los inversores inmolaban una víctima al dios mercado, este quedaba saciado. Ahora que Bear Stearns había sido sacrificado, podíamos esperar que la bolsa estuviera más alta de aquí unos meses.

La primera parte de la predicción de JP Morgan se cumplió mucho antes de lo previsto: en solo tres semanas, la bolsa americana subió un 9,5%. Ahora cabía esperar que continuaran las subidas.

Necesito más pruebas

Dos bancos de inversión, Goldman Sachs y Lehman Brothers, publicaron resultados no tan malos como los esperados por el mercado. Las acciones de Lehman Brothers se dispararon un 16%. Eso parecía probar que Bear Stearns era un caso aislado.

Recibí otro informe de JP Morgan que decía que la rentabilidad por dividendo en las bolsas europeas era la más elevada de las últimas tres décadas. La Reserva Federal acababa de bajar los tipos de interés del 3% al 2,25%. Con tipos de interés a la baja y rendimientos por dividendo al alza, las acciones tenían que salir favorecidas.

Los analistas mejoraron sus expectativas. Expertos del banco de inversión americano Merrill Lynch y de la entidad francesa Société Générale dijeron que lo peor de la crisis crediticia estaba quedando atrás y que era buen momento para comprar acciones de bancos.

En una entrevista a Ana Besada, la gestora del fondo de bolsa española más rentable de 2007, leí unas palabras que me resultaron familiares: «Percibimos acertadamente el cambio de naturaleza del mercado y de ciclo. Lo del verano [de 2007] nos recordó que el mercado es cíclico, que va teniendo sus fases y que cada una da paso a la siguiente. Sin embargo, no creemos que fuera un *shock* fortuito. Se venía gestando. Ya en mayo de 2006 hubo unas turbulencias, aunque el mercado luego se recuperó. Fueron los primeros síntomas de que el mercado inmobiliario estadounidense estaba tocando techo. Fue un primer aviso de que había unos desequilibrios que luego explotarían con la crisis *subprime*.»

En esa época de turbulencias de mayo de 2006, el índice de la bolsa española estaba a 1.189 puntos y ahora estaba muy por encima, a 1.502 puntos. Según mis cálculos, la serie de avisos de desplome se había iniciado en febrero de 2007 y la bolsa española estaba prácticamente al mismo nivel que entonces. La bolsa de Estados Unidos, el epicentro del terremoto financiero, estaba incluso algo por encima. Para mí eso significaba que el mercado había conseguido digerir todas las malas noticias.

No es que me negara a aceptar que la bolsa pudiera haber iniciado un ciclo bajista pero necesitaba más pruebas.

Capítulo 3 – Calma chicha

Segunda oportunidad

El 7 de abril de 2008, el índice general alcanzó los 1.502 puntos. Se situó solo un 13% por debajo del máximo histórico de noviembre de 2007. Baltasar había vendido a 1.520 puntos seis meses antes, en septiembre de 2007: estaba claro que había tiempo de sobras para salir del mercado tras una serie de avisos de desplome.

¿Era otra oportunidad para vender?

Estábamos en el tercer mes de lo que Baltasar llamaba etapa de calma chicha. En esta fase, la bolsa sube en diversas ocasiones pero cada vez llega menos lejos. En cambio, ahora asistíamos a una segunda recuperación que llegaba más lejos que la primera.

Baltasar también decía que esta era la etapa de seducción porque las rápidas recuperaciones atraían y atrapaban a los inversores. Pero el índice había subido a lo largo de dos meses y medio. No era el típico rebote por sobreventa que se agota a las dos semanas.

¿Estábamos realmente en la fase de calma chicha o al principio de un nuevo ciclo alcista?

Las drogas más caras del mercado

Baltasar me explicó una vez que a lo largo de una tendencia bajista, los inversores son dopados con *Bolsacalm*. Se refería a los mensajes tranquilizadores que reprimen las ansias vendedoras y que se pagan de forma aplazada mediante sucesivas pérdidas patrimoniales.

Uno de estos mensajes es que la bolsa funciona como un mecanismo de descuento y anticipación. Es decir, los precios actuales ya descuentan todas las malas noticias conocidas así como todo lo que puede empeorar. La conclusión es que todo lo negativo ya se sabe o se anticipa, de modo que la bolsa no puede caer más.

Otro mensaje tranquilizador consiste en asegurar que a nadie le interesa que la bolsa siga cayendo. Ni al gobierno, porque eso reduciría el efecto riqueza, la gente consumiría menos y pagaría menos impuestos; ni al banco central, que quiere evitar una huida de capitales extranjeros; ni a las grandes empresas, que necesitan la bolsa para financiarse; ni a los bancos de inversión, que en buena parte viven de colocar empresas en bolsa.

También suelen hacer acto de presencia los distribuidores de anfetaminas bursátiles. Unos apelan a la valentía para sacar provecho de la sangría. Un botón de muestra: "ahora se abre el camino a inversores atrevidos que busquen gangas entre los cadáveres que ofrecen las caídas de la bolsa." Otros activan el impulso de sobresalir de la masa: "hay que comprar cuando todo el mundo vende" o "el pesimismo generalizado es una señal para ser optimista".

Mensajes creíbles

Intenté estar alerta para no tragarme por accidente alguna de esas drogas.

El presidente de Telefónica, César Alierta, acababa de comprar opciones que le daban derecho a adquirir dos millones de acciones de la entidad a 30 euros en el primer trimestre de 2011. No es que se comprometiera a comprar acciones a 30 euros sino que adquiría un derecho para hacerlo. En aquel momento, las acciones de Telefónica estaban a unos 19 euros, de forma que Alierta esperaba una revalorización del 60% en menos de tres años.

Por otra parte, el Banco Santander invirtió 2.260 millones en comprar participaciones del Royal Bank of Scotland y del banco belga-holandés Fortis. Hasta ahora se había dicho que los bancos no confiaban entre sí porque no sabían en qué líos se habían metido los otros. Si el Santander era capaz de invertir tal cantidad de dinero en dos bancos que estaban entre los más sospechosos de haberse gastado el dinero de los clientes en juergas financieras, significaba que no había para tanto. Lo más importante, desde mi punto de vista, era que el presidente del mayor banco español, Emilio Botín, acababa de invertir 40 millones de euros a título personal en acciones del Royal Bank of Scotland.

Los directivos de la mayor empresa y del mayor banco del país estaban arriesgando su patrimonio en bolsa. Dos mensajes de confianza que me parecieron creíbles.

Hice caso omiso de las declaraciones de las autoridades cuando me parecieron triunfalistas pero otras merecieron mi consideración. El presidente del Banco Central Europeo, Jean-Claude Trichet, reconoció que la vorágine financiera suponía un riesgo notable para el crecimiento europeo, aunque añadió que la economía de la eurozona tenía fundamentos sólidos y carecía de desequilibrios importantes. Por su parte, el Banco de España publicó un estudio de resistencia del sistema financiero según el cual bancos y cajas tenían un colchón de provisiones más que suficiente aún en caso de que se produjera un deterioro radical del sector inmobiliario.

Ultimátum a la banca

Por el momento, los cuarenta y cinco bancos más importantes del mundo ya se habían anotado pérdidas por valor de 230.000 millones derivadas de las hipotecas *subprime* en el primer trimestre de 2008, según la agencia Bloomberg. El más perjudicado era el principal banco suizo y el mayor banco de gestión privada del mundo, UBS, con 38.000 millones de dólares. Le seguían Citigroup, el mayor banco del mundo, y los bancos de inversión americanos Morgan Stanley y Merrill Lynch. La lista incluía varios bancos alemanes, incluyendo el Deutsche Bank, el mayor del país.

El día 13 de abril de 2008, el G-7 (reunión de ministros y gobernadores de bancos centrales de los siete países más industrializados del mundo) dio un ultimátum a los bancos para que estos revelaran, antes de cien días, la magnitud del agujero que tenían en sus balances a causa de sus inversiones arriesgadas en títulos *subprime* o lo que fuera, incluidas las pérdidas padecidas por las sociedades instrumentales que habían creado para aparcar sus activos más dudosos y mantenerlos fuera de balance.

Era un mensaje enérgico que disipaba la impresión de que los gobiernos estaban siguiendo el juego a los bancos. Por fin les iban a obligar a poner sobre la mesa sus cartas boca arriba. Aunque los números fueran aterradores, al menos se habría acabado con la incertidumbre. Más valía lo peor conocido que lo malo por conocer.

—De aquí cien días nadie se acordará de esto—dijo el siempre escéptico Baltasar.

Masa crítica de víctimas

Baltasar creía que las autoridades harían marcha atrás en sus exigencias cuando vieran más de cerca el devastador efecto que tenía el elevado apalancamiento sobre unas pérdidas que a primera vista no parecían tan abultadas.

También pensaba que el apalancamiento, más que el control de riesgos, se había convertido en el eje central de la actividad financiera. Hasta el punto de que algunas entidades financieras habían llegado a considerar a los deudores como palancas.

—En general, se esperaba que cuando las cuotas de los préstamos que partían de condiciones muy ventajosas se normalizaran —me dijo—, algunos deudores podrían refinanciar la hipoteca porque la vivienda valdría más de lo que habían pagado por ella. No había problema. Quienes, a pesar del aumento de valor de su vivienda, no pudieran pagar las cuotas, serían desahuciados. Como la vivienda habría subido de precio, las entidades financieras saldrían ganando. Tampoco había problema. La concesión de préstamos hipotecarios se había convertido en una apuesta. Si los deudores podían seguir pagando, el juego seguía. Si no podían pagar pero su casa había aumentado de precio, se les embargaba y el juego seguía.

Baltasar tenía una teoría controvertida para explicar la razón por la cual tantas entidades financieras habían seguido la práctica aparentemente irracional de prestar dinero a quienes tenían un riesgo muy elevado de no poder devolverlo. Sostenía que ese dinero estaba a buen recaudo porque estaba invertido en una propiedad inmueble que no cesaría de subir de precio pero cuyo propietario tenía elevadas probabilidades de perderla. Durante un tiempo, ese propietario pagaba las cuotas del préstamo, que eran muy asequibles, y se hacía cargo de los gastos de comunidad de la casa. Así, no hacía más que mantener un activo durante el tiempo suficiente como para que este aumentara de valor de forma significativa. Luego la entidad financiera embargaba la casa y obtenía un bien que valía más que el préstamo que había concedido. Es decir, usaba a los deudores con mayor riesgo de insolvencia como palanca para adquirir activos susceptibles de generar plusvalías.

—Los bancos y sociedades hipotecarias sabían que la Reserva Federal subiría los tipos de interés cuando la economía mejorara —dije—. Era previsible que eso crearía muchas víctimas en un entorno de prosperidad.

—Hay quienes creen que el conjunto del sistema sale ganando si ellos se enriquecen a costa de crear un número "asumible" de víctimas. Sin embargo, esta vez han cometido un error de cálculo. La cantidad de víctimas que han provocado ha alcanzado una masa crítica que ha puesto en jaque al sistema.

Baltasar se refería al 20% de titulares de préstamos hipotecarios *subprime* que no estaba al corriente de sus pagos y corría el riesgo de perder sus casas. Viendo las cosas desde el lado positivo, el 80% de esas personas sí podía seguir pagando. Lo extraño era que la mayoría de los bancos estaba pasando graves apuros para satisfacer sus propios compromisos financieros. La proporción de bancos con problemas para pagar sus deudas era mucho mayor que la proporción de deudores *subprime* con problemas.

Nueva dosis de mensajes creíbles

Las cajas de ahorro españolas, que tenían concedidos cerca del 60% de los préstamos hipotecarios del país, vieron aumentar la cifra de créditos de dudoso cobro casi el doble en un año. La Confederación Española de Cajas de Ahorro (CECA) quitó hierro al asunto al afirmar que los riesgos estaban ampliamente cubiertos.

—Por un lado, nos dicen que hay cosas que se están degradando y, por otro, que el riesgo está controlado —dijo Baltasar—. No te extrañe que estemos en la etapa de calma chicha.

Se refería al período de seis meses de tensa calma que sucede al aviso de fase bajista. Dado que este tuvo lugar en enero de 2008, dicho período se extendería hasta el mes de julio. Luego tendría lugar la tormenta.

Seguí consumiendo mensajes de tranquilidad que me merecían credibilidad. Warren Buffett dijo el 5 de mayo que lo peor había pasado, sobre todo para los grandes bancos americanos. Los analistas del influyente banco JP Morgan apostaban por una recuperación de la bolsa y recomendaban tomar posiciones. La economía estadounidense estaba creciendo más de lo que se había esperado.

La Reserva Federal bajó los tipos de interés al 2%. Siete meses antes estaban en el 5,25%. Por otro lado, el banco central de Estados Unidos había sugerido que iba a mantener los tipos de interés en ese nivel, lo cual quería decir que la economía no necesitaba más estímulo monetario y que las acciones eran el mejor activo donde invertir debido a su elevado rendimiento por dividendo.

En España, el gobernador del banco central aseguró que las posibilidades de que el país cayera en recesión eran nulas. Los expertos coincidían en que la destrucción de empleo no sería tan intensa como en la recesión de 1992 porque el mercado de trabajo se había vuelto más flexible.

Las mayores entidades financieras españolas resistían admirablemente. De las cinco grandes (Santander, BBVA, La Caixa, Caja Madrid y Popular) solo La Caixa había reducido sus beneficios en el primer trimestre de 2008. El presidente de la Asociación Española de Banca dijo que el crecimiento del crédito había sido sano, que las hipotecas habían sido bien concedidas y que los bancos no habían invertido en productos financieros "tóxicos". El vicepresidente del Banco Santander dijo que solo el 0,03% de los activos de toda la banca podían verse afectados por la crisis *subprime*.

Como todos los avisos de la bolsa tenían relación con las hipotecas *subprime* y la banca española estaba prácticamente libre de ellas, pensé que no tenía sentido prestar atención a esas advertencias.

El Banco de Inglaterra se la juega

El 19 de abril de 2008, el Banco de Inglaterra anunció que iba a intervenir para aliviar el problema de liquidez de los bancos británicos.

En 1998, estos tenían un apalancamiento medio de 23 veces. Es decir, sus activos equivalían a 23 veces sus recursos propios. Desde 2005, ese factor era de 30 veces pero algunos bancos habían sobrepasado la barrera de los 50.

Para mejorar la salud de los bancos, el banco central del Reino Unido ideó un ingenioso esquema, que denominó SLS (Special Liquidity System).

En primer lugar, el gobierno británico emitiría bonos por valor de 185.000 millones de libras esterlinas, con vencimiento de hasta tres años. Pero no para venderlos y recaudar dinero, sino para prestárselos al Banco de Inglaterra. El gobierno no quería que esos bonos contaran como deuda pública, ya que suponían nada menos que el 13% de la renta nacional del Reino Unido. Entonces la propiedad legal de los títulos fue traspasada al Banco de Inglaterra durante el tiempo que durara el esquema.

En segundo lugar, los bancos depositarían en el Banco de Inglaterra, como garantía, activos que no pudieran vender en el mercado, o sea activos ilíquidos, pero de elevada calidad crediticia (cuyo riesgo de impago fuera muy reducido de acuerdo con al menos dos de las tres mayores agencias de calificación). A cambio, el *Bank of England* les prestaría los bonos del gobierno y les cobraría gastos legales y de custodia.

En la práctica, el Banco de Inglaterra compraría a los bancos sus activos ilíquidos, la gran mayoría préstamos hipotecarios titulizados, y les vendería los bonos recién emitidos por el Tesoro británico. Los bancos podrían hacer con esos bonos lo que quisieran, incluso venderlos en el mercado. En tanto que los títulos del Tesoro podrían ser cambiados por dinero, ya fuera siendo depositados como garantía en otros bancos o siendo vendidos directamente en el mercado, el SLS era una inyección de dinero o liquidez. Sin embargo, al vencimiento del intercambio pactado, los bancos deberían devolver los bonos del Tesoro al Banco de Inglaterra, así que tendrían que recomprarlos o comprar otros similares. Dicho de otro modo, al final del proceso los bancos tendrían que desinyectarse la liquidez recibida. Por eso, en realidad se trataba de un préstamo.

De acuerdo con este esquema, la propiedad legal de los activos invendibles de los bancos sería traspasada al Banco de Inglaterra. Los bancos limpiarían sus balances y serían, o parecerían, más solventes, puesto que sustituirían activos de valor incierto, que no podían ser negociados en el mercado, por títulos de deuda pública, que serían aceptados por todo el mundo.

El banco emisor se curaba en salud: compraría los activos de los bancos con un descuento del 35%. Por ejemplo, un banco inglés titulizaría préstamos hipotecarios por valor de mil millones de libras esterlinas. Enviaría su paquete de préstamos al Banco de Inglaterra y este le prestaría bonos del Tesoro británico por un valor bastante inferior, unos 645 millones de libras. Esa diferencia, denominada *haircut* ("corte de pelo"), permitiría al Banco de Inglaterra cubrirse de un posible impago de algunos de los préstamos del paquete.

El SLS no estaba exento de riesgos para el banco central del Reino Unido. Este contaba con unos recursos propios de unos 4.000 millones de libras esterlinas pero iba a prestar activos por valor de 185.000 millones de libras, lo que suponía un apalancamiento de casi cincuenta veces, ¡tan grande como el del más endeudado de los bancos!

Podría ocurrir algo terrible: la quiebra del banco central del Reino Unido. Tal vez por este motivo, el Banco de Inglaterra no quiso ser el propietario legal de los activos de los bancos y abrió la habitación de los horrores. Es decir, creó una sociedad limitada para guardar allí los activos hasta que estos dejaran de aterrorizar a los mercados.

—El Banco de Inglaterra va a perder dinero —me advirtió Baltasar.

Yo confiaba en que no iba a ser así pero no podía dejar de preguntarme cómo podía un banco central asumir el riesgo de quebrar.

Tercera oportunidad

A partir del 14 de abril de 2008, la bolsa se recuperó, a pesar de que las noticias que llegaban del sistema financiero no eran especialmente tranquilizadoras. La mayor aseguradora del mundo, la estadounidense AIG, declaraba pérdidas de 7.800 millones de dólares correspondientes al primer trimestre de 2008, que se añadían a los 5.300 millones de dólares que ya había perdido en el cuarto trimestre de 2007. El segundo mayor banco suizo, Crédit Suisse, presentaba números rojos de 1.300 millones de euros en el primer trimestre de 2008. En Alemania, la cifra de bancos que necesitaron algún tipo de rescate se elevaba a cinco, aunque ninguno de ellos estaba entre los mayores del país. Pero el Dresdner Bank, uno de los cinco grandes de Alemania, perdía 500 millones de euros.

El Santander había reiterado que no estaba expuesto a las hipotecas *subprime* pero había invertido más de 2.000 millones de euros en Fortis y en el Royal Bank of Scotland, que estaban terriblemente expuestos. Este último acumulaba pérdidas de 5.400 millones de euros por este concepto.

El banco británico había invertido 27.000 millones de euros en octubre de 2007 en la compra del banco holandés ABN-Amro. Para cubrir el socavón dejado por sus inversiones *subprime* y para asumir los costes de una adquisición que se le había atragantado, el 22 de abril hizo una ampliación de capital de 12.000 millones de libras (15.000 millones de euros), en la que participó el Santander. De nuevo me quedé sorprendido por la facilidad con la que los bancos tapaban sus agujeros.

El 19 de mayo de 2008 el índice general llegó a los 1.527 puntos, solo un 11,5% por debajo del máximo histórico del 8 de noviembre de 2007, y el mismo nivel que tenía en diciembre de 2006, cuando aún no había comenzado la crisis.

—Es la tercera oportunidad para vender desde que empezó el ciclo bajista —me recordó Baltasar—. La bolsa da tiempo de sobras para salir pero el plazo ya se está agotando.

—Verás, todo lo que ocurre tiene que ver con las dichosas hipotecas *subprime* —dije—. Si hubiera alguna corrección que se debiera a otra cosa que no fuera el tema de siempre, sí que vendería. De todos modos, según tu teoría, hay seis meses desde el aviso para salir de una fase bajista con el menor daño posible, así que aún me queda tiempo hasta finales de julio.

—No conviene apurar el plazo —dijo Baltasar.

—Ese plazo me servirá para asegurarme de la situación en la que estamos. Una fase bajista se caracteriza porque cada recuperación llega menos lejos que la anterior. En cambio, cada una de las tres recuperaciones que ha habido desde el 23 de enero ha llegado más lejos que la anterior. Así que es probable que ya estemos en un ciclo alcista.

Baltasar replicó que su principio consistía en vender tras un aviso de fase bajista, independientemente de cómo evolucionara la bolsa a continuación. A mi entender, las circunstancias eran diferentes de las habituales y había que adaptarse a ellas.

Un banco central en apuros

El 16 de mayo de 2008, los bancos centrales de Suecia, Dinamarca y Noruega abrieron una línea de crédito a favor del banco central de Islandia para que este pudiera estabilizar el tipo de cambio de la corona islandesa, que se había desplomado en el mercado de divisas.

El hecho de que un banco central de un país europeo tuviera problemas de liquidez no era una noticia tranquilizadora y no era una buena referencia para la arriesgada jugada del Banco de Inglaterra.

Negativismo

La recuperación se detuvo en seco el 20 de mayo. El precio del petróleo subió un 8% en un solo día y alcanzó un nuevo máximo histórico. Por otro lado, el mercado tembló ante unas declaraciones de la analista Meredith Whitney, que se hizo célebre por haber vaticinado, ya en el verano de 2007, la crisis financiera que iba a tener lugar. Whitney aseguró que lo peor estaba por venir.

El 27 de mayo se supo que el precio de la vivienda ya acumulaba un descenso del 14% en Estados Unidos, lo que iba a empeorar la solvencia de un número creciente de titulares de hipotecas.

A principios de junio, las agencias de calificación bajaron la nota a los bancos de inversión Merrill Lynch, Morgan Stanley y Lehman Brothers. Este último anunció que iba a hacer una ampliación de capital de 4.000 millones de dólares, por lo que se dispararon los rumores acerca de sus problemas de liquidez.

El último balance anual de Lehman indicaba que el total de su activo era de 691.000 millones de dólares, lo cual equivalía a 31 veces sus recursos propios, un apalancamiento "normal" en aquel momento. Aunque la mitad de los activos de Lehman eran de muy bajo riesgo, la otra mitad contenía algunos de los activos problemáticos que se habían extendido por todo el sistema financiero.

Lehman Brothers era un banco de inversión, no un banco comercial ni una entidad hipotecaria. Sin embargo, tenía en su balance 60.000 millones de dólares en activos hipotecarios. ¿Cómo era posible? Bien, había comprado préstamos titulizados por otras entidades financieras.

Las acciones de Lehman Brothers acumulaban una caída del 50% desde principios de año. Debido a su bajo precio, contaban con varias recomendaciones de compra, como la de los analistas del Deutsche Bank o de Merrill Lynch. Por otro lado, el banco tenía una calificación crediticia elevada. Hasta hacía poco, Standard & Poor's le otorgaba una A+, aunque recientemente se la había bajado a A, el equivalente a una nota de 7,5 sobre 10. La ampliación de capital de Lehman Brothers iba a ser suscrita por inversores institucionales, como un fondo de pensiones norteamericano y el Banco de Desarrollo de Corea del Sur.

Las agencias de calificación preveían que algunas grandes entidades europeas también se verían obligadas a captar dinero para reponer las pérdidas derivadas de sus malas inversiones. La cuestión era si los inversores estarían dispuestos a acudir a las ampliaciones de capital de bancos que estaban haciendo aguas.

La presidenta de la Agencia Federal de Garantía de Depósitos de Estados Unidos, Sheila Blair, añadió más leña al fuego al avisar que podían quebrar entidades financieras mayores a las que habían caído hasta ese momento. Teniendo en cuenta que ya habían quebrado las tres mayores sociedades hipotecarias y el quinto mayor banco de inversión, la perspectiva resultaba aterradora.

Segundo aviso de ciclo bajista

El resultado de esa batería de noticias y mensajes negativos fue una caída progresiva de los índices. El 24 de junio de 2008, el de la bolsa española llegó a los 1.315 puntos. Se trataba de un nuevo mínimo, y este tenía lugar más de cuatro meses después del máximo absoluto del 8 de noviembre. Ya no había error de interpretación posible. Estaba claro que nos hallábamos en un ciclo bajista.

Sin embargo, me pregunté cuál de los dos avisos sería el válido, o si ambos lo eran. Resultaba importante para saber cuándo podía esperar el final del ciclo. Si el aviso relevante era el de enero de 2008, el final llegaría entre septiembre de 2008 y enero de 2009, es decir, entre 8 y 11 meses después del aviso. Si el aviso relevante era el de junio de 2008, el ciclo acabaría entre febrero y mayo de 2009.

Este segundo aviso llegó para mí en un momento oportuno. En julio, se me agotaba el plazo para tomar la decisión de venderlo todo. Pero ahora disponía de un plazo adicional de seis meses.

¿En crisis? ¿Quién está en crisis?

—Pero, Caos, ¿todavía no has vendido? —me preguntó Baltasar.

Apuré mi café para darme tiempo a meditar mi respuesta.

—Verás, la bolsa me ha concedido seis meses más de plazo para decidirme.

—Creo que estás buscando una excusa para justificar tu indecisión.

La observación de Baltasar no me sentó bien y le mencioné otros factores que influían en mi postura:

Unos días antes, Warren Buffett, el número uno entre los inversores, dijo, en una entrevista que le hicieron en Madrid, que el rescate del banco de inversión Bear Stearns en marzo había conseguido estabilizar los mercados y que no creía que la bolsa fuera a empeorar.

Carlos Slim, la segunda mayor fortuna del mundo, acababa de comprar un millón de acciones de la cadena Saks.

Ben Bernanke, el presidente de la Reserva Federal y tal vez el hombre más influyente del mundo, creía que lo peor ya había pasado.

El Fondo Monetario Internacional acababa de decir que la desaceleración de la economía de Estados Unidos era menos pronunciada de lo previsto y descartaba una recesión. Además, había elevado sus estimaciones de crecimiento para la economía mundial.

El analista de bancos más célebre de Estados Unidos, Dick Bove, había dicho que el sistema financiero de su país no estaba tan mal como lo estuvo en 1990, en cuanto a la proporción de créditos morosos sobre el total de créditos, así como en relación a los recursos propios. Atribuyó el frenesí financiero a una combinación de causas, entre ellas la negligencia de las autoridades de supervisión, la tendencia del mercado a sobrerreaccionar ante rumores insustanciales y el sensacionalismo de los medios de comunicación.

Antes de la junta de accionistas de finales de junio, el presidente del Banco Santander, Emilio Botín, dijo en una reunión con la prensa: "¿En crisis? ¿Quién está en crisis? Desde luego, el grupo Santander no". Añadió que lo peor de la inestabilidad financiera podía haber pasado.

Emilio Botín comparó la situación económica española con la fiebre de un niño, que empieza fuerte pero pasa pronto, detectaba síntomas de mejora y confiaba en aumentar beneficios un 15% en 2008. Un consejero de la misma entidad, Abel Matutes, acababa de enviar un mensaje de confianza a los accionistas al comprar dos millones de títulos del banco a un precio medio de 12 euros.

Un artículo de Mark Hulbert en el semanario *Barron's* analizaba las previsiones de los autores de los diez boletines informativos sobre bolsa con mejores resultados en los últimos quince años. Su objetivo era averiguar si estos analistas eran mayoritariamente alcistas o bajistas. Hulbert tuvo que descartar uno de los boletines porque a pesar de estar entre los diez mejores, su análisis se basaba en un criterio de calendario. El resultado fue que cuatro de estos analistas eran muy alcistas (con recomendación de estar entre el 90% y el 100% en bolsa), uno era moderadamente alcista, dos eran muy bajistas y otros dos moderadamente bajistas. En general, los alcistas ganaban 5 a 4. Hulbert también analizó las previsiones de los diez peores boletines y comprobó que sus autores eran mayoritariamente bajistas. La conclusión de Hulbert era que apostar por una caída del mercado significaba apostar a que los peores iban a tener más razón que los mejores.

El economista jefe de MarketWatch, mi portal de información financiera preferido, decía que el mercado ofrecía oportunidades de compra inteligentes. Añadía que la gente tiende a comprar caro y a vender barato, mientras que solo se puede hacer dinero de verdad en bolsa cuando uno compra mientras todo el mundo vende, y que ahora había una oportunidad para comprar barato.

—Ahora se acerca lo peor —dijo Baltasar, completamente insensible a mis argumentos—. Ya sabes, la tormenta.

—Baltasar, los ciclos no pueden sucederse con tanta regularidad. Aún menos se pueden predecir con tan poco tiempo. Me estás hablando de lo que va a ocurrir de aquí dos meses.

—No estoy prediciendo con antelación. Es simplemente que un ciclo sigue su curso como un río. Lo hemos visto nacer y sabemos más o menos hacia dónde se dirige.

—¿Y si algo falla? Los ciclos nunca son iguales. Puede que un aviso se manifieste de una manera que no sepamos reconocer. Puede que el final llegue antes de lo que esperamos o, al contrario, que llegue mucho más tarde. ¡Tantas cosas pueden salir mal!

—No hay estrategia infalible. Pero si una estrategia tiene un sentido para ti, te será útil la mayoría de las veces. Las cosas a las que das un significado suelen aportarte algo positivo. No pienses en los defectos, límites o inconvenientes de tus principios. Simplemente necesitas algo que te sirva de orientación, que te dé unas pautas para saber qué camino tomar.

—De acuerdo —dije— pero necesito una prueba más de que el ciclo tiene lugar de acuerdo con lo previsto.

—Tú lo que tienes es una buena sobredosis de *Bolsacalm*.

Esta vez me enojé de veras. Di un golpe sobre la mesa y sin pronunciar palabra, salí precipitadamente de la cafetería donde nos habíamos reunido. Cuando logré relajarme, me di cuenta de que Baltasar tenía razón: mi adicción a los mensajes tranquilizadores me estaba volviendo irascible.

Sin embargo, me apoyé en las teorías de Baltasar para seguir manteniendo mi postura. Recordé de nuevo que después de un aviso de ciclo bajista el índice solía fluctuar a lo largo de unos seis meses cerca del nivel que tenía en el momento del aviso. Eso significaba que el índice se aproximaría en varias ocasiones a los 1.315 puntos. No tenía por qué precipitarme. Iba a navegar por un mar en calma chicha y tendría tiempo de sobras para prepararme ante una posible tormenta.

Los gigantes se tambalean

Después del aviso del 24 de junio de 2008, la situación continuó deteriorándose. El día 25, los analistas de Goldman Sachs provocaron un terremoto al estimar que Citigroup, el mayor banco del mundo, perdería 9.000 millones de dólares en el segundo trimestre y recomendaron vender sus acciones.

En Europa, Fortis anunció una ampliación de capital. Eso significaba que no tenía liquidez y que tenía que vender acciones a bajo precio para obtener dinero del mercado. Sus acciones se desplomaron un 20%, lo cual afectó de lleno al Santander, que recientemente había adquirido una elevada participación del banco belga-holandés.

Las entidades hipotecarias Fannie Mae y Freddie Mac se estaban viendo en graves apuros. Si su vida corría peligro, ¿vendría el gobierno a socorrerlas, tal como habían hecho ellas, en varias ocasiones, con la economía americana?

El 2 de julio, Ambac cayó a 1,15 dólares. En mayo de 2007 había estado a 90 dólares. La recuperación posterior fue increíble: el 3 de septiembre las acciones de la *monoline* llegaron a 8,61 dólares. Con este tipo de oscilaciones, no me extrañó que por muy mal que fuera una empresa, siempre hubiera alguien dispuesto a apostar a su favor.

Se vende caja con problemas

En julio se anunció la salida a bolsa de la Caja de Ahorros del Mediterráneo (CAM). Como los títulos no daban derecho a voto, no se llamaron acciones sino cuotas participativas. La colocación tenía que servir para ayudar a la entidad a pagar los 500 millones de euros de deuda que le vencían en 2008. Era extraño. Las sociedades suelen pedir dinero a sus accionistas para invertir o expandirse, no para pagar sus deudas. Pero los grandes bancos habían puesto de moda las ampliaciones de capital para tapar agujeros.

La CAM tenía una elevada exposición a préstamos hipotecarios sobre segundas residencias situadas en la costa y a créditos a promotores, los activos bancarios de mayor riesgo en ese momento. Al salir a bolsa, la situación financiera de la caja se había deteriorado gravemente. Las provisiones acumuladas equivalían al total de los créditos morosos cuando tres meses antes cubrían el doble. La prensa económica advirtió de que el mercado valoraba el riesgo de impago de la deuda de la CAM a un nivel que hacía presagiar su quiebra.

La caja alicantina ingresó 155 millones de euros de unos cincuenta y cuatro mil pequeños inversores. En cambio, la suma total invertida por los veinte consejeros de la caja no alcanzó los 125.000 euros. En esta ocasión, no parecía que los responsables de la entidad tuvieran mucha fe en la operación. Acostumbrado a que cada mala noticia fuera acompañada de algún mensaje de confianza, en esta ocasión sentí una terrible ansiedad que no supe cómo calmar.

Vuelvo a naufragar

El 15 de julio de 2008, Martinsa-Fadesa, perteneciente al G-14, el Grupo Inmobiliarias por la Excelencia, protagonizó la mayor quiebra de la historia de España. Martinsa había comprado el 87% de la inmobiliaria gallega Fadesa en marzo de 2007, justo cuando empezó la crisis subprime, por 3.512 millones de euros. Tasamadrid revalorizó los activos adquiridos y los tasó en casi 4.000 millones de euros, de modo que Martinsa se apuntó la diferencia como plusvalía, lo que le había permitido declarar beneficios en 2007. La tasadora, una filial de Caja Madrid, que era el mayor prestamista de la empresa, había realizado su valoración suponiendo que el suelo no urbanizable propiedad de la inmobiliaria sería recalificado como urbanizable por las administraciones públicas. Pero el suelo no fue recalificado y Martinsa había asumido una deuda de 2.580 millones de euros procedente de Fadesa que ahora no podía pagar.

La caída de Martinsa-Fadesa arrastró consigo al resto de inmobiliarias cotizadas, que perdieron entre un 10% y un 20% de su valor, lo cual arrastró, a su vez, a los bancos más expuestos a los créditos a estas compañías.

El índice cerró a 1.200 puntos el 15 de julio de 2008. Acumulaba un descenso del 21% desde la tercera oportunidad para vender.

—Tu destino es naufragar —me dijo Baltasar.

—Ya. Supongo que tú vas a volver a entrar, ¿no?

—¿Por qué habría de hacerlo?

—Porque ahora tienes la ocasión de recomprar a un precio muy inferior las acciones que vendiste.

—No es el momento todavía.

—La pérdida acumulada del índice ya es del 30% respecto del máximo del 8 de noviembre de 2007 —Yo perdía algo menos gracias a los dividendos, pero por ahí andaba la cosa—. Las fases bajistas de la bolsa española suelen saldarse con una caída de este calibre. Lo más probable es que ya hayamos llegado al final.

—Hace solo un mes tuvo lugar el aviso de fase bajista respecto del máximo absoluto de noviembre de 2007 —replicó Baltasar—. Esto significa que aún pueden quedar muchos meses de tendencia descendente.

Para mí, el aviso de fase bajista más relevante era el que había tenido lugar el 21 de enero de 2008. Ese día, el índice de la bolsa había caído más de un 15% respecto al máximo de junio de 2007.

En tanto que los ciclos bajistas solían durar entre ocho y once meses desde el aviso, la bolsa podría concluir su viaje al sur en los próximos meses, tal vez entre septiembre y diciembre de 2008. Baltasar estaba de acuerdo en que el aviso de enero de 2008 era significativo pero también daba crédito al de junio de 2008, por lo que preveía que el ciclo podría extenderse entre ocho y once meses más desde esa fecha, o sea hasta tan tarde como mayo de 2009. ¿Quién de los dos tendría razón?

Cuarta oportunidad

El 16 de julio de 2008 fue un día increíble en la bolsa de Nueva York. Tres noticias positivas se combinaron en un cóctel explosivo.

El presidente de la Reserva Federal, Ben Bernanke, declaró que Fannie Mae y Freddie Mac estaban bien capitalizadas y que no corrían peligro. Las acciones de ambas entidades hipotecarias subieron un 30%.

El quinto mayor banco de Estados Unidos, Wells Fargo, publicó resultados mejores a los esperados y anunció un aumento del dividendo. La sorpresa hizo subir las acciones de esta entidad un 32% y la euforia resultó ser altamente contagiosa. Lehman Brothers y Washington Mutual subieron un 25%, Bank of America un 22%, Citigroup un 13%, JP Morgan y Wachovia un 16%.

El precio del petróleo cayó notablemente y las acciones de las compañías aéreas volaron a la estratosfera: las de United Airlines, American Airlines, Continental, Northwest y Delta subieron entre un 26% y un 41%.

Volví a comprender el atractivo de comprar acciones a la baja. El premio podía ser ganar en una sola sesión más que en todo un año.

La tónica positiva se mantuvo a lo largo de un mes. El 11 de agosto, el índice llegó a los 1.295 puntos. Se había revalorizado casi un 8% en cuatro semanas.

—Bueno, Caos, ahora puedes vender.

—No voy a vender —le contesté a Baltasar—. Creo que estamos en el inicio de la recuperación. A pesar de las malas noticias, la bolsa está resistiendo bien. El precio del petróleo ha estado cayendo con fuerza. Eso hará bajar la inflación y el Banco Central Europeo ya no tendrá excusa para no reducir los tipos de interés. También creo, Baltasar, que perdiste la oportunidad para entrar en los 1.200 puntos.

—Yo no pienso en términos de oportunidades. Pienso en términos de principios.

—Bien que aprovechaste, en su momento, la oportunidad para vender.

—Aprovecho las oportunidades cuando me permiten seguir mis principios. Por cierto, ¿no decías que esperabas el final del ciclo para septiembre? Es el mes que viene...

—Entre septiembre y diciembre —corregí.

—En enero de 2008 hubo el primer aviso de ciclo bajista. Entonces el índice estaba a 1.365 puntos y hoy, siete meses después, está a 1.295 puntos, solo un 5% por debajo. Este es el período de calma chicha que confirma que el aviso de enero fue relevante. Así que ahora va a venir la tormenta. Sin embargo, el aviso de junio también debe ser tenido en cuenta porque tuvo lugar después del máximo absoluto. Yo creo que será el que señalará la duración del ciclo, de modo que el final llegará entre febrero y mayo de 2009.

Sabía que Baltasar podía tener razón pero pensé que tal vez en septiembre de 2008 acabaría todo y no quise arriesgarme a vender con tan poco margen de tiempo.

Socorristas rescatadas

A principios de septiembre de 2008, Fannie Mae y Freddie Mac anunciaron pérdidas conjuntas por valor de 15.000 millones de dólares. Su problema no era la tasa de morosidad de los préstamos que habían adquirido o garantizado: era de solo un 2%.

El gobierno de Estados Unidos se comprometió a aportar la inaudita cifra de 100.000 millones de dólares a cada una de las entidades, mediante la compra de acciones preferentes. Aunque era conocido que ambas compañías tenían problemas, el rescate cogió a muchos por sorpresa, incluso a las agencias de calificación. Un mes antes, las acciones preferentes de Freddie Mac todavía recibían una calificación A1 por parte de Moody's, el equivalente a un 8 sobre 10.

Si las pérdidas conjuntas de ambas entidades eran de 15.000 millones de dólares, ¿por qué el gobierno les inyectaba 200.000 millones?

La cuestión era que Fannie Mae y Freddie Mac se refinanciaban continuamente, lo que quiere decir que pagaban sus deudas con dinero prestado. En un contexto de desconfianza absoluta, los circuitos convencionales del dinero se habían quedado atascados.

Fannie Mae y Freddie Mac no pudieron esta vez socorrer a la economía americana.

Cien días después

Había expirado el plazo que los ministros de finanzas europeos habían dado a los bancos para que estos reconocieran la totalidad de sus pérdidas. En vez de eso, los bancos fueron autorizados a hacer una maniobra contable que evitaba que sus pérdidas salieran a la luz. Se trataba de pasar los activos deteriorados de una categoría contable (la cartera de negociación, que debe valorarse a precios de mercado) a otra (la cartera a vencimiento, que se valora a precio de coste). De esta manera, las entidades financieras podían contabilizar un título al precio al cual lo habían comprado, aunque en el mercado hubiera perdido la mitad de su valor.

Lo que me llamaba la atención era que parte de esas pérdidas provenían de productos financieros que los bancos habían comprado a otros bancos. ¿Por qué razón las entidades financieras habían vendido sus préstamos titulizados y habían comprado los préstamos titulizados por otras?

Tal vez la competencia entre bancos había llegado a ser tan feroz que cada uno de ellos había ideado una estrategia para debilitar a los demás: conceder préstamos muy arriesgados con el fin de titulizarlos y vendérselos a los otros, para luego comprar títulos de otras entidades. Pero tal vez lo que no sabía cada banco era que estaba cambiando churros por churros, a veces aún peores que los suyos. ¿Era posible, o eran imaginaciones mías?

Capítulo 4 – Tormenta

Ritual

El 9 de septiembre de 2008, las acciones de Lehman Brothers se derrumbaron un 45%. La esperada aportación de capital del Banco de Desarrollo de Corea no se materializó y la entidad se vio con la soga al cuello.

El mercado confiaba en que el cuarto mayor banco de inversión de Estados Unidos sería rescatado, como lo fue Fannie Mae, o que sería adquirido a precio de liquidación, como lo fue Bear Stearns. No ocurrió ni lo uno ni lo otro. El 15 de septiembre fue abandonado a su suerte. Ni siquiera llegó a ser considerado un saldo, aunque el mismo día de su quiebra las agencias de calificación de riesgos todavía le otorgaban una nota de A, equivalente a un 7,5 sobre 10.

Días más tarde, el presidente del Banco de Desarrollo de Corea reveló que había ofrecido al presidente de Lehman Brothers 6,4 dólares por acción por una participación de control pero este había pedido 17 dólares y declinó la oferta.

Ahora cabía la posibilidad de que las autoridades dejaran caer más entidades. El sistema financiero estaba tan entrelazado, que si eso ocurría podría dar lugar a efectos en cadena imprevisibles. La incertidumbre alcanzó la cota más alta de la historia financiera reciente.

Las tres grandes sociedades hipotecarias de Estados Unidos habían caído entre abril de 2007 y enero de 2008. Primero fue la tercera, luego la segunda y luego la primera. En marzo de 2008 había caído el quinto mayor banco de inversión de Estados Unidos, Bear Stearns. Ahora acababa de caer el cuarto, Lehman Brothers, y le tocaba el turno al tercero, Merrill Lynch, que para no correr el mismo destino que Lehman Brothers, se puso en venta a sí mismo y aceptó una apresurada oferta de compra de Bank of America.

La cuestión empezaba a adquirir tintes de ritual.

Pérdida garantizada

La reacción de los inversores norteamericanos a la quiebra de Lehman fue comprar el único activo financiero que parecía seguro: los títulos de deuda pública del gobierno de Estados Unidos. Incluso los bancos preferían prestar al gobierno que hacerlo entre sí. Si el poderoso Lehman Brothers quebraba, cualquier otro banco podía hacerlo.

En los últimos años, los bancos de inversión habían creado productos financieros que los bancos comerciales de todo el mundo habían colocado entre sus clientes, independientemente de su perfil de riesgo. Así es como había llegado a ser posible que numerosos pequeños inversores de todo el mundo tuviesen los ahorros de su vida en productos de Lehman Brothers.

El colapso de Lehman Brothers fue peor para miles de personas que si hubiera quebrado un banco comercial de su propio país, ya que los gobiernos garantizan los depósitos hasta cierto límite, pero no los productos financieros.

Muchos de estos productos tenían el capital garantizado, de modo que quienes los adquirían "sabían" que podrían no ganar nada pero que en todo caso su capital estaba asegurado. Al ser considerados productos de riesgo cero, eran vendidos a inversores de perfil conservador. Pero cuando el garante de un producto financiero quiebra, lo que está asegurado es la pérdida del capital invertido.

Ya solo quedaban dos grandes bancos de inversión vivos: Goldman Sachs y Morgan Stanley. Ante el panorama, el presidente de este último se puso a buscar comprador para no caer en el error de Lehman Brothers, que había rechazado una oferta que habría podido salvarle.

Seguras de sus seguros

La mayor aseguradora del mundo, AIG, un gigante con cien mil empleados y presente en un centenar de países, se situó al borde del precipicio. El 16 de septiembre de 2008, sus acciones cayeron a 1,25 dólares y ya habían perdido el 98% del valor que tenían al empezar el año. El gobernador del Estado de Nueva York dijo que AIG solo tenía un día para solucionar sus problemas de liquidez. Si no lo conseguía, quebraría al día siguiente.

En junio, AIG tenía 79.000 millones de dólares en recursos propios. Era asombroso que ese dinero se hubiera evaporado.

—Aparte de asegurar contra el riesgo de accidentes, de incendios o de inundaciones, AIG también aseguraba, al igual que las *monolines,* contra el riesgo de impago de productos financieros, en particular títulos hipotecarios —me dijo Baltasar.

—Si AIG pierde tanto dinero, significa que aseguraba títulos con una baja calidad de crédito —dije.

—No, solo aseguraba los que tenían las mejores calificaciones. La compañía estaba segura de que la mayoría de sus seguros sobre productos financieros nunca serían reclamados porque dichos productos eran completamente seguros. Era como asegurar contra el riesgo de incendios viviendas construidas con materiales ignífugos.

—¿Quieres decir que AIG aseguraba más productos de los que su capital le permitía? —pregunté.

—Eso es. Los bancos compraban más productos financieros de los que podían comprar con sus recursos propios, y AIG, así como otras aseguradoras, aseguraban más productos de los que podían asegurar.

—Esto no es normal —dije.

—No solo es normal sino que es legal —dijo Baltasar—. Sin ir más lejos, la ley autoriza a Fannie Mae y a Freddie Mac a tener solo 0,45 dólares de recursos propios por cada 100 dólares de préstamos o títulos hipotecarios que garantizan. Pero AIG ni siquiera tenía que reservar capital por cada seguro que hacía.

—¿Cómo puede ser?

—AIG aseguraba el riesgo de impago de los activos financieros mediante un instrumento llamado *credit default swap*, que significa permuta de incumplimiento de crédito. En realidad, debería llamarse *credit default insurance* o seguro de incumplimiento de crédito, pues es exactamente eso, pero se le puso el nombre de "permuta" para evitar que cayera bajo la regulación de los seguros. Entonces se convirtió en un producto totalmente desregulado.

—Los bancos sí que lo tenían todo bien atado —dije—. Compraban productos con una calificación de crédito tan buena como la de los títulos de deuda del gobierno de Estados Unidos, y además los aseguraban. Pero... ¿si esos activos eran tan seguros, por qué los aseguraban? ¿Y si AIG solo aseguraba esos productos tan seguros, por qué está perdiendo dinero?

El *senior* que copia en los exámenes

En vez de contestarme, Baltasar me preguntó:

—¿Recuerdas los CDOs, los productos estructurados basados en títulos hipotecarios?

—Sí. Había varios tramos, los más seguros, o *senior*, los medianamente seguros, o *mezzanine*, y el más arriesgado, o *equity*.

—Los tramos *mezzanine* suelen tener una calificación de riesgo entre BB+ y AA-, entre un 5 y un 8,5 sobre 10 como tú dirías.

—O sea, todo lo que es aprobado pero por debajo de sobresaliente —dije, mientras recordaba que en la escuela fui un alumno *mezzanine*.

—Pues bien, a los ingenieros financieros se les ocurrió un método para convertir esos aprobados o notables en matrículas de honor.

—Esto suena un poco a fraude —dije.

—Si apruebas un examen y te presentas a otro para mejorar la nota del primero, ¿es fraude?

—No, eso no.

—Esa es la idea.

—Veamos.

—Imagina que eres un banco de inversión. Recibes dos carteras de préstamos hipotecarios de dos bancos diferentes, el Banco A y el Banco B. Cada cartera es de un importe de cien millones de euros. Divides cada una en tres tramos. Al primer tramo de cada cartera, el *senior*, le destinas ochenta millones de euros. Al ser el tramo que queda más protegido de las pérdidas, las agencias de calificación le ponen una nota entre AA y AAA, entre un 9 y un 10 sobre 10. Al segundo tramo, el *mezzanine*, le asignas diez millones de euros. Al estar más expuesto a las pérdidas, las agencias le ponen una nota inferior, como BBB, un 6 sobre 10. Finalmente, destinas los diez millones de euros restantes al tercer tramo, el *equity*, que no recibe calificación alguna.

—¿Y por qué no? —pregunté.

—Porque tiene el beneficio de la duda...

—¿Qué quieres decir?

—Que recibiría una calificación tan baja que prácticamente lo haría invendible, así que más vale que su calidad sea simplemente dudosa. Bien, has creado dos CDOs, dos productos estructurados, uno para cada cartera de préstamos. Supón que lo normal es esperar una morosidad del 5% así como un índice de recuperación de los préstamos del 95%. Esto significa que en cada CDO cabe esperar una pérdida de cinco millones de euros sobre un total de cien millones.

—Cada tramo *equity* perdería el 50% de su valor —dije—. El perjuicio de la duda.

—Pero los tramos *senior* y *mezzanine* quedarían a salvo. La ola solo salpicaría al que está más cerca de la orilla, o sea al *equity*.

—Yo diría que el agua le cubre la mitad del cuerpo. Si viene una ola más grande y las pérdidas son del 15%, entonces el *equity* se ahoga. Y sería el *mezzanine* el que quedaría con medio cuerpo bajo el agua.

—En efecto, en tal caso el tramo *equity* de cada CDO asumiría diez millones de pérdidas, todo su valor, y el *mezzanine* de cada CDO, cinco millones, la mitad de su valor.

—Pues no veo cómo ponerle a salvo de las olas.

—Coges los diez millones del tramo *mezzanine* del CDO que has hecho con la cartera del Banco A y lo juntas con los diez millones del tramo *mezzanine* del CDO correspondiente a la cartera del Banco B. Creas un nuevo CDO, al que llamas CDO *mezzanine,* con un total de 20 millones de euros. Al proceder de carteras de préstamos de bancos diferentes, estará más diversificado, por lo que, en teoría, tendrá menor riesgo que cada tramo *mezzanine* por separado. Luego lo divides en tres partes. Un tramo *senior* con diez millones, un tramo *mezzanine* con seis millones y un tramo *equity* con cuatro millones.

—Así que ahora hay un tramo *senior* de un CDO *mezzanine,* un tramo *mezzanine* de un CDO *mezzanine* y un tramo *equity* de un CDO *mezzanine* —dije, para intentar no perderme.

—Recuerda que si las pérdidas globales son del 15%, el tramo *mezzanine* de cada CDO pierde cinco millones de euros.

—O sea, el CDO *mezzanine* perderá diez millones de euros, la suma de los dos tramos *mezzanine* de los CDO originales. Entonces los tramos *equity* y *mezzanine* del CDO *mezzanine* lo pierden todo.

—En cambio, el *senior* del CDO *mezzanine* queda a salvo —dijo Baltasar—. Como las agencias de calificación prevén que las pérdidas en los préstamos hipotecarios no superen el 15%, otorgan al *senior* del CDO *mezzanine* una calificación entre AA y AAA.

—Ese título que puede recibir una calificación de AAA ha surgido de un título que era BBB —dije—. Más que un examen para mejorar nota, esto viene a ser como darle la vuelta a un 6 para convertirlo en un 9. Si resulta que las pérdidas alcanzan el 20%, el tramo *senior* del CDO *mezzanine* ¡perdería todo su valor, a pesar de ser AAA!

—En cambio, el *senior* del CDO original todavía quedaría a salvo —dijo Baltasar.

Así fue cómo comprendí que muchos títulos hipotecarios AAA eran en realidad tramos AAA de CDOs. Algunos de esos títulos podían quedar totalmente a salvo, o bien causar pérdidas moderadas, pero otros eran extremadamente vulnerables. Tenían la misma nota pero no eran comparables. Podía ser que el *senior* del CDO *mezzanine* se presentara para mejorar nota pero copiaba el examen.

Los CDOs *mezzanine* podían ser combinados con otros CDOs *mezzanine* para crear nuevos tramos *senior* de los CDOs resultantes, y así sucesivamente. Los títulos AAA eran como una lotería. Los bancos y los inversores que los compraban no sabían si aquellos eran originales o si eran producto de una combinación de tramos *mezzanine* o de una recombinación de combinaciones o de un ensamblaje de recombinaciones.

También comprendí por qué las aseguradoras de titulos quebraban o estaban al borde de la quiebra a pesar de haber asegurado únicamente productos financieros con las mejores calificaciones.

Pensé que las entidades que aseguraban productos financieros contra el riesgo de impago sin tener una reserva de capital para hacer frente a eventuales reclamaciones tal vez no vieron un detalle. Una compañía puede asegurar vehículos por un valor mucho mayor al de las reservas que debe apartar para hacer frente a las posibles indemnizaciones porque es imposible que todos los conductores tengan un accidente al mismo tiempo. Por otro lado, si el asegurado A tiene un accidente en Madrid, el asegurado B que vive en Barcelona no tiene por qué sufrir un percance. Es decir, se trata de sucesos independientes. En cambio, en el ámbito financiero los accidentes y las averías son sucesos interdependientes.

Quedaba explicado por qué las entidades financieras sufrían enormes pérdidas a pesar de que la gran mayoría de los activos que habían comprado eran considerados totalmente o muy seguros. No obstante, tenía la impresión de que había otra grieta por donde los bancos hacían aguas.

Bajo mínimos

El hundimiento de AIG habría arrastrado a muchos bancos ya que estos hubieran dejado de cobrar las indemnizaciones que habían pactado con la compañía. Por tanto, esta no podía ser dejada a su suerte y fue salvada el 17 de septiembre por la Reserva Federal con una inyección de 85.000 millones de dólares. Henry Paulson, el Secretario del Tesoro, destituyó al presidente de la aseguradora y nombró en su lugar a un directivo de Goldman Sachs.

Uno de los más perjudicados por el colapso de AIG hubiera sido el mayor de los bancos de inversión, Goldman Sachs, que había asegurado CDOs por 22.000 millones de dólares con la compañía. La quiebra de la aseguradora le hubiera supuesto perder todo ese dinero, que equivalía a la mitad de sus recursos propios. Se daba la circunstancia de que Goldman Sachs había asegurado esos productos cuando Henry Paulson era el director ejecutivo del banco.

Plan de rescate global

El 17 de septiembre de 2008, el que fuera presidente de la Reserva Federal entre 1979 y 1987, Paul Volcker, el ex-secretario del

Tesoro Nicholas Brady, y el experto en regulación bancaria Eugene Ludwig escribieron un artículo en el *Wall Street Journal* en el que urgían al gobierno de Estados Unidos a crear un cortafuegos para detener la patología de una crisis que se extendía devorando el eslabón más débil del sistema para luego devorar el siguiente y así sucesivamente. El cortafuegos propuesto era la creación de una entidad que comprara los préstamos conflictivos de los bancos a precios reducidos.

Con eso se solucionarían varios problemas al mismo tiempo. Primero, permitiría a los bancos obtener dinero fresco por activos que se habían vuelto invendibles. Aunque obtendrían menos de lo que esos activos valían originariamente, podrían poner ese dinero a producir. Segundo, los bancos podrían aparcar sus activos problemáticos durante algunos años. Eso les supondría un gran alivio, ya que en condiciones normales la Reserva Federal solo da financiación a los bancos para unos días o semanas. Tercero, una cantidad elevada de hipotecas impagadas no serían ejecutadas y muchas familias podrían permanecer en sus casas.

La idea no era nueva. Había sido ensayada con éxito entre 1989 y 1995 para resolver la crisis de insolvencia que afectó a las *savings and loans associations*, entidades similares a las cajas de ahorro españolas, que se habían pillado los dedos con los préstamos hipotecarios. Ahora la diferencia era que todo el sistema financiero estaba atrapado en el mismo problema.

Al día siguiente, el secretario del Tesoro del gobierno americano, Henry Paulson, anunció un plan similar al propuesto por Volcker, Brady y Ludwig. El 19 de septiembre, la bolsa española tuvo una de las mayores alzas de su historia, un 8,6%.

El día 20, Paulson anunció que el plan de rescate contaría con 700.000 millones de dólares. Se alejaba el riesgo de otro Lehman Brothers.

Como el gobierno no disponía de esa cantidad, tenía que emitir deuda pública. Si bien los títulos de deuda pública son adquiridos por inversores y ahorradores como medio de rentabilizar su dinero, los intereses se pagan con los impuestos, de modo que la financiación del plan corría a cargo del contribuyente.

La idea de Paulson era comprar activos tóxicos de los bancos, en particular productos financieros basados en títulos hipotecarios depreciados. La intención era limpiar los balances de los bancos, aunque estos tuvieran que desprenderse de algunos de sus activos a precio de saldo, a menudo con un descuento del 80%. Para que el dinero de los contribuyentes no cayera en saco roto, la segunda parte del plan de Paulson consistía en subastar esos activos entre inversores privados dispuestos a correr el riesgo de gestionarlos. En teoría, con el dinero que fuera recaudando de esta manera, el gobierno podría ir cancelando la deuda emitida.

Me pregunté qué interés tendrían unos inversores en comprar activos que nadie quería. Más tarde lo entendería.

¿Dinero a cambio de basura?

Varios economistas mostraron su disconformidad con el plan de rescate tal como había sido concebido. Decían que el gobierno no quería aún admitir el aspecto fundamental: que los bancos no tenían solo un problema de liquidez sino, sobre todo, que eran insolventes. Es decir, tenían demasiados pocos recursos propios para todas las deudas que habían contraído.

Estos economistas mantenían que el principal problema era valorar unos activos tóxicos que podrían no valer nada o, al contrario, tener un valor mucho mayor al actual cuando la economía se recuperara, y que no se podía jugar con el dinero de los contribuyentes negociando con activos de valor tan incierto. Defendían que, en vez de comprar activos tóxicos, el gobierno debía invertir directamente en el capital de las entidades financieras para evitar que estas cayeran en una situación de quiebra, algo que ya acababa de hacer con Freddie Mac y Fannie Mae.

Lo que debían hacer los bancos era emitir acciones a favor del gobierno. Esto equivalía a una nacionalización parcial de la banca. Pero, al menos, parte de los beneficios que obtuvieran los bancos a partir de ese momento iría a parar al gobierno y serviría para abonar los intereses de la deuda pública emitida para pagar los rescates.

Uno de los economistas más críticos con el esquema de Paulson fue Paul Krugman, que un mes más tarde recibiría el premio Nobel de Economía. Krugman dijo del plan que era "dinero a cambio de basura". Desde su punto de vista, el gobierno estaba atacando los síntomas del problema y no su raíz. La raíz del problema era que las pérdidas estaban agotando los recursos propios de las entidades financieras.

Otros economistas creían todo lo contrario: lo que era tirar el dinero era inyectar capital en bancos llenos de agujeros. Era mejor que el gobierno comprara los activos tóxicos a bajo precio. Si estos aún se depreciaban más, las pérdidas serían asumidas por el contribuyente. Pero era más probable que en el futuro, una vez normalizada la situación económica, pudieran ser vendidos a un precio más alto y el coste para el contribuyente fuera nulo.

Por qué no dejar quebrar a los bancos

Una vez le pregunté a Baltasar por qué se ayudaba tanto a los bancos.

—Imagina que te acostumbras a vivir a costa de pedir prestado a tus amigos —me dijo—. Cuando un amigo te pide que le devuelvas el préstamo, le pides prestado ese dinero a otro amigo, y así sucesivamente. No es que te gastes el dinero, sino que lo inviertes. Obtienes unos ingresos con fondos ajenos de forma permanente ya que siempre debes a alguien.

—Eso se llama vivir apalancado en los demás —dije.

—Si un día todos tus amigos necesitan su dinero, ¿a quién se lo pedirás prestado?

—Al gobierno o al banco central.

La carcajada que soltó Baltasar hizo que me diera cuenta de la seriedad del tono de mi respuesta.

—Me estaba imaginando que era un banco —me justifiqué.

—Los bancos tienen tres maneras de financiarse —continuó Baltasar—. Con los depósitos de sus clientes, el dinero de otros bancos y emitiendo títulos de deuda que son adquiridos por ahorradores e inversores. En teoría, la financiación que los bancos obtienen de otros bancos, llamada también financiación mayorista, es tan estable como los depósitos de los clientes. Cuando un cliente retira su dinero, otro lo ingresa. Del mismo modo, cuando un banco tiene que devolver un préstamo a otro banco, o bien lo renueva o bien pide prestado a otro para pagar al primero. Pasa algo parecido con los títulos de deuda: cuando vencen, se emiten nuevos títulos para amortizar los anteriores. De esta forma, los bancos no tienen que devolver nunca sus deudas. Hasta que surge un problema de confianza. Si los clientes no confían en un banco, retiran su dinero. Si los bancos no confían entre sí, no renuevan los préstamos. Si los inversores creen que los bancos son insolventes, dejan de comprar sus títulos de deuda. Y entonces los bancos se encuentran con un grave problema de liquidez.

—Que en realidad es un problema de solvencia —dije—. Si no puedes pagar tus deudas, eres insolvente.

—Este es el gran debate que tiene lugar ahora: ¿tienen los bancos un problema de liquidez o de solvencia?

—Yo creo que, en realidad, hace tiempo que son insolventes —dije—. Si puedes pagar tus deudas porque solo tienes que abonar los intereses y no te hace falta devolver el capital, tienes capacidad de pago, y en este sentido eres solvente. Pero esa definición de solvencia solo es correcta cuando las cosas van bien. Lo que me gustaría saber es cómo evalúan los bancos la solvencia de sus clientes.

—Normalmente, los bancos están dispuestos a conceder un préstamo hipotecario a alguien que aporte el 20% del valor de la vivienda.

Esto significa que el valor de la casa adquirida tiene que ser equivalente a cinco veces los recursos propios aportados por el cliente.

—Un apalancamiento de cinco veces. Pues veamos, ¿qué nivel de recursos propios se les exige a los bancos?

—Los criterios de Basilea, nombre con que se conocen las normas internacionales sobre solvencia bancaria, establecieron en 1988 que los bancos debían tener un nivel de recursos propios equivalente al 8% de sus activos, lo que implica un apalancamiento de 12,5 veces, en teoría.

—¿Por qué dices en teoría? —pregunté.

—Dentro del apartado de recursos propios, solo se exige que una cuarta parte sean verdaderos recursos propios, o sea el capital y los beneficios no distribuidos, lo que en los bancos se denomina "core capital" o núcleo de capital. Otra cuarta parte puede ser dinero recaudado mediante la emisión de acciones preferentes y otros productos similares. Las acciones preferentes dan un dividendo fijo, a diferencia de las acciones comunes, cuyo dividendo depende del nivel de beneficios. No obstante, si la empresa o banco no obtiene beneficios, los accionistas preferentes no pueden reclamar el dividendo que les corresponde, al igual que los accionistas ordinarios. Por eso, lo que una entidad recauda con este tipo de acciones también se considera recursos propios.

—Lo de preferente solo significa preferencia respecto a los accionistas comunes, ¿no es eso?

—Sí, en relación a los demás acreedores de la sociedad son los últimos en cobrar —dijo Baltasar—. La otra mitad de los fondos propios de los bancos puede estar compuesta por instrumentos financieros llamados híbridos porque tienen cabeza de deuda y cola de capital. Por ejemplo, la deuda subordinada que, como su nombre bien indica, es deuda. Los inversores que compran títulos de deuda subordinada son los últimos en cobrar en caso de que la entidad no pueda pagar a todos sus acreedores. Solo tienen preferencia respecto a los accionistas preferentes. Si hay pérdidas, los primeros en soportarlas son los accionistas comunes, luego los accionistas preferentes, luego los poseedores de deuda subordinada, luego los que tienen deuda junior y finalmente los titulares de deuda senior.

—Así que la deuda de un banco está estructurada como si fuera un CDO —observé—. Si resulta que un banco puede tener mil euros de activos por solo veinte euros de recursos propios en el sentido estricto de la palabra, las normas le permiten un apalancamiento de cincuenta veces.

—En teoría.

—¿Por qué, en teoría?

—Los activos a los que se refieren las normas de Basilea no son los activos totales sino ponderados en función de su riesgo. Por ejemplo, solo cuentan como activo el 35% de los préstamos hipotecarios sobre vivienda principal.

—Un buen incentivo para dar préstamos hipotecarios...

—Si estos préstamos han sido convertidos en títulos y estos se califican entre AA- y AAA, o sea con una nota entre 8,5 y 10, entonces solo ponderan el 20%. Los títulos entre A- y A+ (entre 7 y 8 sobre 10) ponderan un 50%. Los que están entre BBB- y BBB+ (entre 5,5 y 6,5 sobre 10), ponderan por todo su valor. Pero los que tienen notas entre BB- y BB+ (entre 4 y 5 sobre 10) ponderan un 350%. Por último, el importe de los activos con una calificación inferior a BB- debe restarse del capital.

O sea, si un banco tenía 1.000 euros en títulos BB, era como si tuviera 3.500 euros a efectos del cálculo de la solvencia. Si los tenía en títulos AA, era como si tuviera solo 200 euros.

Vi claro por qué las entidades financieras compraban tal cantidad de títulos hipotecarios y por qué solo adquirían los de mejor calificación. Una vez titulizados y calificados con notas elevadas, los préstamos hipotecarios ocupaban menos espacio en el balance y las entidades podían dar nuevos préstamos o comprar más títulos a otras. Comprar títulos con buena calificación era como utilizar un programa compresor de archivos para liberar espacio en el disco duro.

Las entidades financieras traspasaban una cartera de préstamos a una sociedad especial, denominada *Special Purpose Vehicle*, que era la que se encargaba de titulizar los préstamos. Luego compraban los títulos y los hacían examinar por una agencia de calificación de créditos, que solía aprobarlos con nota. Es decir, recompraban sus propios préstamos con un sello de garantía. De cara a las autoridades supervisoras, ahora tenían activos de más calidad, de modo que podían arriesgar más.

—Supón que una entidad financiera tiene 80 euros de recursos propios, en el sentido amplio de la palabra, y 250 euros en títulos y préstamos hipotecarios, por cada mil euros de activos totales. Si el valor de esos activos hipotecarios cae un 10%, la entidad pierde 25 euros por cada 80 euros de capital.

—Se vuelve insolvente —afirmé.

—Lo que tiene que hacer entonces es ampliar capital para restablecer sus recursos propios —dijo Baltasar—. Pero si los inversores no quieren comprar acciones nuevas de ese banco, una solución es que el gobierno le dé el dinero, que se lo inyecte como se dice ahora, a cambio de acciones preferentes recién emitidas a favor del Estado. Al gobierno le cuesta mucho menos inyectar 25 euros por cada mil euros de activos que hacerse cargo de los depósitos si dejara quebrar el banco, que pueden ser de 400 o 500 euros por cada mil euros de activos.

—¿Estás diciendo que sale muy barato salvar a un banco?

—Bueno...

—Al banco no le cuesta nada emitir esas acciones. Solo está creando papel.

—En efecto. Si antes tenía un millón de acciones, la junta del banco se reúne y dice: pues ahora tenemos un millón doscientas y mil, y le vendemos esas doscientas mil acciones nuevas al Estado.

—¡Esas acciones no están respaldadas por nada! —exclamé.

—Sí: representan un compromiso de pago. Si el banco tiene beneficios, pagará un rendimiento al Estado por su inversión. Como esas acciones son preferentes, dan un rendimiento fijo y tienen preferencia de pago respecto a las acciones comunes.

—Es un compromiso condicional —dije—. El banco solo paga si tiene beneficios.

—Eso sí. Pero se supone que ganará dinero en el futuro. En teoría, cuando la situación se normalice, el gobierno venderá las acciones a un inversor privado o bien se las revenderá al propio banco. Entonces podrá cancelar la deuda que emitió para comprar esas acciones.

—Para entonces, la crisis habrá causado tantos estragos que el gobierno necesitará el dinero para otra cosa.

—En la práctica, me temo que sea así.

Confianza contagiosa

Creí que la balanza estaba demasiado inclinada del lado del pesimismo, así que busqué mensajes optimistas para equilibrarla.

Microsoft anunció que iba a invertir 40.000 millones de dólares en la compra de acciones propias.

El presidente del gobierno español, José Luis Rodríguez Zapatero, dijo en Nueva York que España contaba quizá con el sistema financiero más sólido de la comunidad internacional.

El presidente del Banco Santander, Emilio Botín, reiteró su objetivo de ganar 10.000 millones de euros en 2008 y afirmó que el banco ya había emitido deuda por valor de 21.000 millones de euros, de modo que tenía liquidez de sobras. Añadió que el precio de las acciones, que entonces era de 11,2 euros, no reflejaba su valor real.

Esperaba que esas muestras de confianza se contagiaran a los demás tanto como se me contagiaron a mí.

Capitán Buffett

El "símbolo corporativo de Estados Unidos", tal como consideraba el inversor Warren Buffett a General Electric, estaba pasando apuros debido a su división financiera, que hasta hacía poco le proporcionaba la mitad de sus ingresos. A finales de septiembre, Buffett inyectó en la compañía 3.000 millones de dólares mediante la compra de acciones preferentes. Además, adquirió el derecho a comprar acciones comunes a 22,5 dólares en los siguientes cinco años.

Animado por la operación del gran inversor, decidí comprar algunas acciones de General Electric. Pensé que con tal capitán no podría naufragar. ¿Estaba en lo cierto?

Rechazo al plan de rescate

El plan de Paulson tenía que ser aprobado por el senado y el congreso de Estados Unidos. Más valía que se dieran prisa, pues cada día se hacía más claro que todo el sistema financiero estadounidense estaba infectado: hasta los dos mayores bancos de inversión, Goldman Sachs y Morgan Stanley, parecían tener problemas de liquidez. Ambos se convirtieron en bancos comerciales para poder recibir préstamos de emergencia de la Reserva Federal, ya que los bancos de inversión no podían beneficiarse de ese tipo de ayudas. Por otro lado, recibieron sendas inyecciones de liquidez de inversores privados. Morgan Stanley firmó un acuerdo con el mayor banco japonés, el Mitsubishi UFJ, mediante el cual este le compraba el 20% de sus acciones por 8.400 millones de dólares, y Warren Buffett compró acciones preferentes a Goldman Sachs por 5.000 millones de dólares a cambio de un rendimiento del 10% anual, un coste sorprendentemente alto para el todopoderoso banco, teniendo en cuenta que el interés oficial estaba al 2%.

A pesar de que eran conscientes de la gravedad de la situación, los senadores rechazaron el plan de rescate. No es que se opusieran a lanzar un flotador al sistema financiero sino que habían leído la letra pequeña. En una cláusula, Henry Paulson, el secretario del Tesoro de Estados Unidos y socio de Goldman Sachs desde 1982, se reservaba el derecho a distribuir el dinero según su único criterio y establecía que sus decisiones no podrían ser revisadas por ningún tribunal.

Mientras tanto, las cosas continuaron deteriorándose. El temor a una nueva quiebra bancaria provocó una retirada masiva de depósitos de las entidades con más problemas, entre ellas Washington Mutual, que se puso a sí misma en subasta. Ni siquiera hubo tiempo para llevar a cabo la puja. La FDIC, la agencia americana de seguro de depósitos, adjudicó la caja de ahorros apresuradamente y a precio de saldo a JP Morgan Chase. Este banco, que en abril había ofrecido 8.400 millones de dólares por la entidad, se la llevó por 1.900 millones.

29 de septiembre

El lunes 29 de septiembre de 2008 pareció que iba a acabarse el mundo.

Le llegó la hora al cuarto mayor banco de Estados Unidos, Wachovia. Sus títulos, que cotizaban a 10 dólares el viernes 26, se desplomaron un 80% en la preapertura de la bolsa de Nueva York.

Bank of America había salvado de la quiebra a Countrywide y a Merrill Lynch. JP Morgan, a Bear Stearns y a Washington Mutual. Citigroup, a Ameriquest. Y ahora Wells Fargo echaba un cable a Wachovia.

Los mayores bancos de Estados Unidos habían salvado a otras entidades financieras de su completa desaparición, pero había el riesgo de que las precipitadas absorciones dieran lugar a mortales indigestiones. Bancos que habían comprado otras entidades financieras se habían ido a la quiebra. ¿Qué garantías tenía el mercado de que no iba a pasar lo mismo con los más grandes?

El mismo día, la crisis golpeó de lleno a Alemania. Cuatro bancos acordaron con el gobierno de aquel país una línea de crédito de 35.000 millones de euros para salvar de la quiebra al Hypo Real Estate, que formaba parte del principal índice de la bolsa alemana. Las acciones del banco hipotecario se desplomaron un 60%.

En Islandia, el gobierno intervino Glitnir, el tercer mayor banco del país, por sus problemas de liquidez y compró el 75% de sus acciones.

Los gobiernos de Bélgica, Holanda y Luxemburgo decidieron intervenir Fortis mediante la compra del 49% de sus acciones, por las que pagaron 11.200 millones de euros. Fortis ya valía menos que los 24.000 millones que en octubre de 2007 había destinado a la compra del banco holandés ABN-Amro.

El gobierno belga acordó otra acción coordinada, esta vez con Francia y Luxemburgo, para rescatar a Dexia mediante una inyección de capital de 6.400 millones de euros. El banco franco-belga, que había acudido en dos ocasiones al auxilio de su filial americana, la *monoline* FSA, era a su vez socorrido.

El gobierno británico intervino el Bradford&Bingley. Lo dividió en dos partes, nacionalizó una de ellas, compuesta principalmente por activos hipotecarios, y adjudicó la otra al Santander.

El mismo día, el congreso americano tenía que votar el plan de Paulson. Cuatro días antes, los negociadores de los partidos demócrata y republicano habían alcanzado un acuerdo sobre puntos esenciales para que el plan pudiera ser aprobado lo antes posible por el senado y el congreso. Esos puntos esenciales versaban sobre garantías de supervisión, protección del dinero del contribuyente y limitación a los salarios de los ejecutivos de entidades rescatadas. Solo media hora antes de la votación, el presidente Bush afirmaba que tenía los votos necesarios para que la propuesta saliera adelante.

El plan fue tumbado por los congresistas del partido gobernante, mientras que fue apoyado por las dos terceras partes de la oposición demócrata. Algunos congresistas republicanos temían que las medidas de intervención supondrían eliminar el libre mercado e instituir el socialismo en Estados Unidos.

El índice S&P500 de la bolsa americana respondió con una pérdida del 8,8%, su mayor caída desde 1987.

La solución irlandesa

Irlanda había experimentado la mayor alza del precio de la vivienda en Europa en los últimos diez años, alimentada por la política crediticia de los bancos del país. Estos habían disminuido progresivamente sus requerimientos de solvencia a los clientes y habían incrementado los créditos a un ritmo superior al que captaban nuevos depósitos, de modo que cada vez fueron pidiendo más dinero prestado a otros bancos, en particular a entidades de otros países de la zona euro. Algo muy parecido a lo que había ocurrido en España.

El modelo era sostenible en tanto que el precio de la vivienda continuara subiendo y los bancos pudieran refinanciar la deuda que habían contraído con otros. Pero los precios inmobiliarios habían caído un 9% en el último año y los bancos no podían renegociar la deuda debido a la crisis general de liquidez. Irlanda fue el primer país de la Unión Europea en entrar en recesión.

El 30 de septiembre, la bolsa irlandesa cayó un 13% y acumulaba un descenso anual del 52%. En un solo día, el Allied Irish Bank y el Bank of Ireland cayeron un 15% mientras que el Anglo Irish Bank, especializado en préstamos hipotecarios, se desplomó un 45%.

Ante el miedo de que se desencadenara una retirada masiva de depósitos por las dudas acerca de la solvencia de sus entidades financieras, Irlanda se convirtió en el primer país de la Unión Europea en garantizar, durante un plazo de dos años, todo el dinero depositado en los seis mayores bancos de su territorio. El resto de países de la Unión criticó la decisión unilateral irlandesa pero el país se defendió argumentando que era el único medio de restablecer la confianza. Además, el gobierno irlandés garantizó la deuda que habían emitido los bancos para financiarse. Las medidas fueron efectivas, pues dispararon los precios de las acciones bancarias entre un 20% y un 40%.

En vez de gastarse miles de millones en inyecciones de liquidez, ya fuera mediante créditos o la compra de acciones, Irlanda no gastaba un céntimo del contribuyente. Pero, ¿funcionaría la estrategia? ¿Era realmente solo un problema de confianza?

Sin rumbo

El día 30 de septiembre, el senado de Estados Unidos aprobó el plan de rescate. La bolsa de Nueva York subió un 5,4% pero en los dos días siguientes cayó un 4,5%. Parecía que los inversores no sabían qué dirección tomar.

Pensé que la caída se debía a que el plan no había sido aún aprobado por el congreso. Sin embargo, cuando el 3 de octubre el congreso dio su aprobación, la bolsa americana recibió la buena noticia con una caída del 1,4%. Tal vez los inversores consideraban que se había dado un paso importante pero insuficiente: 700.000 millones de dólares solo daban para tapar algunos agujeros del colador en que se había convertido el sistema financiero.

Sin esperanza

Cada una de las cinco sesiones del 6 al 10 de octubre de 2008 fueron a la baja. El viernes 10 de octubre, las bolsas cerraron la semana con una caída del 18% en Estados Unidos y del 21% en España. El índice general de la Bolsa de Madrid cerró a 967 puntos. La caída desde el máximo de noviembre de 2007 ya era del 44%.

Los mercados interpretaron que los gobiernos y los bancos centrales ya habían jugado todas sus cartas sin haber logrado restaurar la confianza. Ya no había esperanza.

¿Una broma?

Baltasar había vendido a 1.520 puntos en septiembre de 2007, por lo que no se vio afectado por el terremoto del mercado.

—Recuerdo cuando comentabas que las entidades financieras habían prestado a insolventes para usarlos como palancas para adquirir activos —le dije—. Ahora están saliendo disparadas de las palancas que habían preparado para sus clientes. Sin embargo, tengo la impresión de que hubo otra poderosa razón por la cual los bancos arriesgaron tanto en la concesión de préstamos, al menos al principio de todo el proceso.

—Sí, porque servía para mejorar la eficiencia del sistema.

Obviamente, pensé que Baltasar estaba bromeando y en vez de continuar la conversación le deseé un buen fin de semana.

La mayor alza de los últimos 75 años

Durante el fin de semana, las autoridades europeas aprobaron un paquete de ayudas a la banca de más un billón de euros, más del doble de los 700.000 millones de dólares (medio billón de euros) del plan de rescate de Estados Unidos. De ese importe, 800.000 millones de euros correspondían a Alemania y Francia. Hacía poco, estas mismas autoridades decían que Europa quedaría al margen de la crisis *subprime*.

El día que siguió a la peor semana de la crisis, el lunes 13 de octubre de 2008, la bolsa española se disparó un 10,4% y las de Alemania, Francia e Italia, algo más de un 11%.

La bolsa de Nueva York tuvo la mayor subida porcentual desde 1933, un 11,1%. General Motors se revalorizó un 33%, Microsot un 18%... Todas las acciones del índice Dow Jones subieron menos una: General Electric, la única en dólares que yo poseía.

El fantasma que transmite seguridad

No acababa de entender por qué los bancos no tenían bastante con las ayudas de los bancos centrales y necesitaban también el auxilio de los gobiernos.

—Los bancos centrales pueden prestar dinero a los bancos pero no invertir en su capital —me explicó Baltasar.

—Sin embargo, el gobierno les puede comprar acciones preferentes y además les puede prestar dinero. ¿Qué diferencia hay entre los préstamos del gobierno y los préstamos del banco central?

—En términos generales, podemos decir que el dinero que el gobierno presta a los bancos, existe. Y que el dinero que les presta el banco central, no existe.

Al ver que no pude ni pestañear, Baltasar prosiguió:

—Cuando el gobierno presta dinero a los bancos, lo pide prestado a la gente, o sea, emite deuda pública...

—Veamos —interrumpí—. Los bancos no prestan a la gente pero el gobierno pide prestado a la gente para prestarle ese dinero a los bancos. ¿Es correcto?

—Correcto —aprobó Baltasar—. El dinero que el gobierno presta a los bancos existe porque viene del ahorro. Son los ahorradores y los inversores quienes compran los títulos de deuda pública. Ese dinero es real, está depositado en cuentas corrientes o de ahorro y es propiedad de alguien. Pero el gobierno siempre presta a los bancos a cambio de algo. Ese algo son, generalmente, los mejores activos de los bancos. Aunque no activos como edificios u oficinas. Si el gobierno les prestara dinero a cambio de eso, ¡les estaría haciendo un préstamo con garantía hipotecaria!

—¿Entonces de qué activos se trata?

—De los préstamos que han concedido a sus clientes más solventes.

—¡Eso es deuda! —exclamé —. ¡El gobierno pide prestado para prestar a los bancos a cambio de préstamos!

—Recuerda que para un banco, los préstamos son activos porque son derechos de cobro. Representan un flujo futuro de dinero. Pero los bancos no pueden dejar directamente sus préstamos en garantía. Antes los tienen que convertir en títulos. Una vez titulizados, el gobierno o el banco central pueden comprar esos préstamos.

—¿Pero no dices que les prestan el dinero?

—Es una compra con pacto de recompra —aclaró Baltasar—. Por ejemplo, el gobierno compra préstamos titulizados a un banco y pacta que este se los recomprará al cabo de un año. A veces, la compra es en firme, o sea sin pacto de recompra. En estos casos, el banco realmente se desprende de sus préstamos. Pero el gobierno puede venderlos a otra entidad financiera o a un fondo de inversión.

»El problema es que el dinero que los ahorradores e inversores utilizan para comprar títulos de deuda pública con los que financiar las ayudas a los bancos podría tener otros destinos más productivos. Las empresas también necesitan financiarse y deben competir por el ahorro. Si el gobierno sube el tipo de interés de la deuda pública para atraer el ahorro, las empresas también tendrán que ofrecer un interés más alto para conseguir recursos del mercado y eso perjudicará sus inversiones y, a fin de cuentas, el empleo. Por eso, es mejor no detraer recursos valiosos del sistema. Es preferible crear el dinero de la nada.

—Supongo que aquí es donde interviene el banco central.

—En efecto. La máxima autoridad monetaria puede hacer lo mismo que te he comentado en el caso del gobierno: prestar dinero a los bancos a cambio de sus préstamos titulizados. Pero el dinero que usa para ello lo puede crear literalmente de la nada. Simplemente apunta una cifra en su balance y se la abona al banco.

—¿Eso no es peligroso? —pregunté.

—Es menos peligroso prestar un dinero inexistente a cambio de algo que prestar un dinero real a cambio de nada. El banco central presta un dinero que no existe a cambio de préstamos titulizados. Crea un fantasma que da seguridad y tranquilidad porque permite a los bancos recuperarse y porque no sustrae dinero valioso del sistema. Cuando vuelve a funcionar con normalidad, el banco devuelve el dinero fantasma, recupera sus títulos y vuelve a ser el titular de los préstamos. Entonces, el banco central anula el dinero creado de la nada. Hace desaparecer el fantasma.

—Entonces, ¿por qué las autoridades no se limitan a crear dinero fantasma?

—Porque hay un riesgo de que sea inflacionista. El dinero fantasma se crea con la idea de hacerlo desaparecer al cabo de un tiempo. Si los bancos no lo devuelven, entonces habrá un exceso de dinero artificial en el sistema que hará subir los precios. Para equilibrar los riesgos con los beneficios de cada alternativa, hay que combinar las ayudas financiadas con dinero público con las financiadas con dinero fantasma.

—Lo que no entiendo es por qué el banco central les presta dinero casi gratis mientras que el gobierno se lo presta a alto interés.

—Precisamente porque el gobierno obtiene sus recursos emitiendo títulos de deuda pública, sobre los que tiene que pagar un interés. El banco central, en cambio, puede crear dinero de la nada.

Llamadas del banco

—En las últimas semanas, he recibido más llamadas de mi banco que en los diez años que hace desde que volví de mi isla.

—Supongo que los comerciales quieren venderte cédulas hipotecarias —me dijo Baltasar.

—Así es. Pero si el gobierno acaba de crear el Fondo de Adquisición de Activos Financieros, ¿por qué los bancos no venden sus cédulas hipotecarias a ese Fondo?

—Porque el Fondo las compra con descuento, por si se deprecian. En cambio, las entidades financieras las colocan por su valor original a los pequeños inversores. De esta forma, no tienen que deshacerse de sus activos por un valor inferior al que tienen en estos momentos.

Señales de esperanza

El 17 de octubre de 2008, el Colegio de Economistas de Cataluña publicó su Índice de Expectativas Bursátiles de los Economistas (IEBE), un indicador que desde 2002 intenta prever el valor del índice IBEX-35 de la bolsa española al cierre de cada trimestre y que se elabora a partir de promediar los valores esperados por treinta expertos en bolsa. De acuerdo con este índice, los expertos esperaban que el IBEX cerrara el año a 11.000 puntos.

Puesto que dicho índice estaba a 9.600 puntos, esto significaba que los entendidos esperaban una revalorización del 15% en los próximos tres meses y medio.

El mismo día, Warren Buffett publicó un artículo en el *New York Times* para explicar que él estaba comprando acciones a título personal y recomendaba a los inversores hacer lo mismo. Recordó su propia máxima según la cual había que ser temeroso cuando los demás eran codiciosos y ser codiciosos cuando los demás eran temerosos. Añadió que no tenía ni idea de cuándo la bolsa se daría la vuelta pero que estaba convencido de que eso ocurriría antes de que el sentimiento de mercado o la economía mejoraran.

¿Juega con fuego el Banco Central Europeo?

—El Banco Central Europeo ha decidido prestar todo el dinero que le pidan los bancos —me anunció Baltasar— a cambio de activos con calidad hasta BBB-.

—Es solo un 5,5 sobre 10 —dije—. Algunos deben de ser préstamos de dudoso cobro.

—En efecto.

—Decías que no era peligroso crear dinero fantasma porque el banco central podrá hacerlo desaparecer en cuanto los bancos le devuelvan el dinero. Pero si el banco central presta con la garantía de préstamos dudosos, a lo mejor no podrá recuperar el dinero y el fantasma vagará por toda la eternidad.

—Supongo —aventuró Baltasar— que el BCE habrá calculado cuánto dinero necesitan los bancos europeos y habrá visto que esa necesidad de liquidez es superior al valor de sus mejores activos.

—Me parece que el juego cada vez es más peligroso —afirmé.

—Se puede seguir un juego peligroso cuando no hacer nada es más peligroso todavía. Se trata de evitar un pánico bancario generalizado que llevaría a la gente a retirar en masa sus ahorros, lo cual conduciría a los bancos directamente a la quiebra.

¿No era más peligroso aún que quebrara el Banco Central Europeo?

Otro golpe

El 20 de octubre, el gobierno francés anunció que inyectaría 10.500 millones a los seis principales bancos del país (Crédit Agricole, BNP Paribas, Société Générale, Crédit Mutuel, Caisse d´Epargne y Banque Populaire) y que estaba preparado para inyectar la misma cantidad en 2009.

La ministra de economía, Christine Lagardère, y el gobernador del banco central de Francia, Christian Noyer, dijeron que esos bancos no necesitaban, en absoluto, más recursos propios sino que la finalidad de la inyección era "acompañar la financiación de la economía", o sea que los bancos pudieran "poner en marcha nuevos créditos".

Hacía casi un año que las autoridades estadounidenses decían lo mismo cada vez que ayudaban a una entidad financiera y el crédito cada vez estaba más paralizado.

Decían que el dinero no era para los bancos, sino para los ciudadanos. Sin embargo, eran estos los que estaban financiando los rescates.

El 22 de octubre, el gobierno argentino decidió nacionalizar los fondos privados de pensiones, supuestamente para proteger el ahorro social de los efectos de la crisis financiera. Sin embargo, los inversores sospecharon que el gobierno necesitaba el dinero para tapar sus agujeros. La medida trajo recuerdos de la suspensión de pagos del país andino de 2001. La empresa más perjudicada fue Repsol debido a su participación mayoritaria en YPF, la principal petrolera argentina. En cuatro sesiones, las acciones de la petrolera, en las que yo tenía el 8% de mi patrimonio, perdieron un 28%.

Ídolo caído

Alan Greenspan, el que fuera el hombre más influyente del sistema financiero internacional durante dieciocho años, de 1987 a 2006, compareció el 23 de octubre de 2008 ante el congreso de Estados Unidos para dar su versión de la crisis. Un representante demócrata le dijo que había tenido la autoridad para evitar las prácticas crediticias que llevaron a la crisis de las hipotecas y que ahora toda la economía occidental estaba pagando el precio.

Había sido considerado como un oráculo y el principal artífice de la expansión económica de los noventa y de parte de la primera década del siglo XXI. Ahora pasaba por ser triplemente culpable de la crisis financiera al haber inflado la burbuja inmobiliaria manteniendo los tipos de interés demasiado reducidos durante demasiado tiempo, al haber permitido a las entidades financieras apalancarse como lo hicieron y al haberse negado a regular los derivados (productos financieros basados en otros productos).

Tal vez Greenspan había pecado de ingenuidad: él creía que había que dar a los mercados libertad total para autoorganizarse, pues estaba convencido de que el interés de las entidades financieras en mantener su buena reputación hacía innecesario someterlas a vigilancia.

En 2004 dijo que cada entidad financiera se había vuelto menos vulnerable a las crisis y que el sistema financiero en su conjunto se había vuelto más resistente. Ahora declaraba que no podía creer que las entidades financieras no se vigilaran y controlaran a sí mismas. Aunque reconoció que su modelo podía tener un defecto, atribuyó la causa principal de la debacle a la avaricia y a la falta de integridad moral presente en las instituciones financieras. Desde su punto de vista, hubo un fallo humano y no un fallo de sistema.

La increíble alza de Volkswagen

Volkswagen era el valor de la bolsa alemana que inspiraba mayor pesimismo a los analistas e inversores. La situación de casi quiebra de las tres grandes compañías de automóviles americanas, General Motors, Ford y Chrysler, pudo influir en esas perspectivas, pero parece que aquellos se fijaron más en la caída de pedidos que estaba sufriendo la compañía alemana. Tal vez pensaron que en ese contexto no tenía mucho sentido que la cotización de la empresa hubiera pasado de los 150 euros de principios de año a 200 euros en junio, a 300 euros en septiembre y a 400 euros a mediados de octubre.

Entre el 16 y el 24 de octubre, las acciones se desplomaron un 47%. Pero el lunes 27 de octubre, se dispararon un 147% y el día siguiente, otro 82%. Es decir, su valor se multiplicó por casi cinco en solo dos días. Esta fulgurante subida tenía lugar en el peor momento de una de las peores fases bajistas de la historia. ¿Cómo había sido posible?

La manera de apostar contra una empresa en bolsa consiste en pedir prestada cierta cantidad de sus acciones a alguna entidad financiera con el fin de recomprar esas mismas acciones en el mercado cuando bajen de precio.

En el caso de Volkswagen, las apuestas a la baja eran tan fuertes que casi el 13% de las acciones de la compañía habían sido tomadas en préstamo para ser recompradas más baratas. Pero un hecho trastocó por completo los planes de los bajistas: Porsche anunció que había comprado un 32% de las acciones de Volkswagen. Como ya poseía un 43% de la compañía, solo quedaban un 25% de los títulos en bolsa, muchos de los cuales estaban en manos de accionistas estables. Así que los bajistas tuvieron que apresurarse en recomprar el 13% de las acciones que habían vendido al descubierto.

Fueron compras de pánico. Después de alcanzar los 945 euros el 28 de octubre, las acciones se desplomaron un 58% en cuatro sesiones.

Una de las entidades que se pilló los dedos con Volkswagen fue Société Générale, que diez meses antes ya había sufrido un cráter de miles de millones de euros como consecuencia de las apuestas de Kerviel. El asunto parecía dar la razón a este, quien había asegurado que las operaciones de alto riesgo eran habituales en el banco.

En el barco de Botín

El Banco Santander había invertido 2.500 millones de euros en la compra de acciones de Fortis, el mayor banco de Bélgica, y del Royal Bank of Scotland, uno de los mayores del Reino Unido. Ambos bancos habían sido sus socios en la compra de ABN-Amro, la mayor operación bancaria de la historia, la cual tuvo lugar en el otoño de 2007. Pero tanto Fortis como RBS se estaban desplomando en bolsa. Ambos acumulaban una caída de alrededor del 70% en 2008.

A principios de octubre, el Santander perdía 1.250 millones de euros por sus participaciones en ambas entidades. Esas pérdidas no afectaban a los resultados porque las acciones no habían sido vendidas, sino a los recursos propios del banco ya que se trataba de una depreciación de activos.

El rechazo al plan de rescate de Paulson también tumbó el valor de otra de las participaciones clave del Santander: la que este tenía en el banco estadounidense Sovereign. El banco español había adquirido la cuarta parte del Sovereign a mediados de 2006 por 3.000 millones de dólares, a 27 dólares la acción. Según el Santander, el valor contable de esa participación superaba en más de 700 millones de dólares el precio que había pagado por ella. Entonces se apuntó esa cantidad como fondo de comercio, lo que indirectamente elevó sus recursos propios por el mismo importe. Además, adquirió el derecho, a ejercer a partir de julio de 2008 y durante un año, a comprar el resto del banco a 40 dólares la acción.

El 13 de octubre, el Santander acordó comprar el 75% restante del Sovereign por 1.900 millones de dólares, a 3,81 dólares la acción. Aparentemente se trataba de una ganga. Sin embargo, las acciones que en 2006 había comprado a 27 dólares habían caído un 90%, y sus minusvalías alcanzaban 2.150 millones de euros, que tenía que contabilizar como pérdida de recursos propios.

El 20 de octubre, el banco de inversión americano Merrill Lynch publicó un informe en el que mantenía que el Santander se podría ver obligado a ampliar capital en 6.600 millones de euros. El mercado hizo caso omiso de la previsión y las acciones del banco español subieron tras la publicación del informe. ¿Por qué iba a necesitar dinero el Santander si hacía solo una semana había invertido 1.400 millones de euros en comprar las tres cuartas partes del Sovereign y había inyectado 1.250 millones de euros a su filial británica Abbey National?

El día 28 de octubre, vi la retransmisión de la presentación de los resultados trimestrales del banco. Escuché decir al vicepresidente de la entidad, Alfredo Sáenz, que el Santander descartaba ampliar capital porque no tenía problemas en ese sentido ni activos tóxicos que aconsejaran esa medida, y que en todo caso era capaz de generar nuevos recursos propios de forma interna, o sea a partir de sus beneficios. Dado que el banco esperaba ganar 10.000 millones de euros en 2008, podría destinar una parte de ese dinero a recursos propios. Pensé que a lo mejor el banco se proponía reducir el dividendo, ya que habitualmente destinaba la mitad de los beneficios a retribuir a los accionistas. Pero Sáenz aseguró que el dividendo no corría peligro alguno.

La revista americana *Business Week* hizo una lista con los diez grandes ganadores de la crisis financiera. Entre ellos estaban Karl Marx, el ideólogo del siglo XIX que redactó el manifiesto comunista y que auguró el fracaso del capitalismo, y Emilio Botín, que había convertido el Banco Santander en el quinto del mundo por volumen de beneficios.

Yo también estaba seguro de que valía la pena ir en el mismo barco que Botín.

Octubre honra su fama

Octubre de 2008 hizo honor a la mala fama de este mes en la bolsa. Entre los días 3 y 28, el índice de la bolsa española perdió un 30,7%, y alcanzó los 848 puntos, un 51% por debajo del máximo de noviembre de 2007.

Otra vez había naufragado en medio de una tormenta, a pesar de que había previsto que el fin del ciclo podría llegar entre septiembre y noviembre de 2008.

—Bueno, qué se le va a hacer —le dije a Baltasar—. Pero esto ya se acabó.

—No tan deprisa, Caos. Te olvidas del aviso de junio de 2008. Esto significa que el ciclo aún se puede extender hasta algún momento entre febrero y mayo de 2009.

—Si es así, desde el aviso del 24 junio de 2008 tiene que haber un período de seis meses para salir, o sea hasta finales de diciembre. En diciembre o enero aún puedo tener una oportunidad para vender.

—Ese período de seis meses tiene que tener una calma relativa, y desde junio no es precisamente eso lo que hemos tenido —dijo Baltasar, con aire preocupado—. Puede que sí que aún puedas salir a tiempo, pero me temo que estás jugando a saltar del coche justo antes de caer al precipicio.

Capítulo 5 – A la deriva

Después de la tormenta

El índice general de la bolsa española alcanzó un mínimo de 848 puntos el 28 de octubre de 2008. Habían transcurrido nueve meses desde el aviso de fase bajista del 21 de enero. Teniendo en cuenta que la pérdida acumulada era del 50,8% desde el máximo histórico de noviembre de 2007, pensé que ya habíamos tocado fondo de manera definitiva.

En la semana siguiente tuvo lugar una subida del 23,1%. Baltasar sostenía que el aviso del 24 de junio hacía presagiar una continuación de la tendencia descendente, de modo que esa recuperación era una nueva oportunidad para vender, la quinta desde el inicio del ciclo bajista. Pero no me pareció buena idea vender a 1.040 puntos, un 40% por debajo del máximo del ciclo.

Bandazos

El 12 de noviembre, Henry Paulson, el secretario del Tesoro

norteamericano, pareció hacer caso a las voces que criticaron su plan de rescate y dijo que comprar activos tóxicos no era la forma más eficaz de atacar el problema y que era preferible inyectar dinero directamente en el capital de los bancos. El gobierno americano invirtió más de la tercera parte del plan en comprar acciones de los nueve mayores bancos del país: la gran banca de Estados Unidos quedó parcialmente nacionalizada.

Los mercados no supieron qué pensar del sorprendente cambio de idea de Paulson. La bolsa de Nueva York recibió la noticia con una caída del 5,2%. Puede que el instinto de deducción de los inversores les llevara a creer que el gobierno había encontrado una cantidad de activos tóxicos mucho mayor de la esperada.

Al día siguiente, la bolsa americana subió un 6,9%. ¿Habían los inversores digerido la sorpresa y veían con buenos ojos la recapitalización de la banca? Un día después hubo una nueva caída, esta vez de un 4,2%. ¿Y ahora qué pasaba? Los bandazos de los índices indicaban que los mercados aún no habían encontrado el norte.

Se malvende banco

El lunes 10 de noviembre de 2008, me quedé atónito al enterarme de que el Banco Santander iba a hacer una ampliación de capital de 7.195 millones de euros. ¡El Santander necesitaba dinero! Mucho, mucho dinero. Apenas dos semanas antes, lo había negado tajantemente.

El banco presentó la operación diciendo que quería reforzar su "core capital" como respuesta a una "mayor autoexigencia de solvencia" en el actual entorno. Desde luego, sonaba mejor que decir "necesitamos dinero".

La segunda sorpresa fue el precio increíblemente bajo al que el Santander ofrecía las nuevas acciones: 4,5 euros.

El viernes 7, las acciones en circulación habían cerrado a 8,34 euros. Botín había afirmado dos meses antes que la cotización, entonces a 11,2 euros, no reflejaba el valor real del banco.

El precio de emisión de los nuevos títulos era casi la mitad del valor contable que tenían las acciones en aquel momento, que era de unos 8 euros. El banco ofrecía sus propias acciones a precio de saldo. ¿Qué ocurría?

—El Santander dice que pensaba recaudar ese dinero vendiendo activos —me explicó Baltasar— pero en estos momentos todo está tirado de precio. Prefiere pedir el dinero que malvender sus activos.

—Al ofrecer sus acciones a 4,5 euros, tiene que crear 1.600 millones de acciones nuevas para recaudar 7.200 millones de euros. Si las vendiera a 7,2 euros, le bastaría emitir mil millones de acciones para obtener la misma cantidad. Entonces, ¿por qué no las vende a 7,2 euros?

—Para evitar algo que sería terrible: que el precio de mercado cayera por debajo del precio de suscripción de las acciones nuevas. En tal caso el valor de los derechos de suscripción sería negativo.

—¿Y por qué tendría que ocurrir eso?

—Después de haber dicho y repetido que el banco no tenía problemas de liquidez, pedir al mercado esa enorme cantidad de dinero va a causar una pérdida radical de confianza en la entidad. El Santander ha querido curarse en salud ofreciendo un precio muy bajo que le dé cierto margen de maniobra.

—¿No hubiera sido mejor eliminar el dividendo de este año? —preguntó—. Con ello se hubiera ahorrado 4.600 millones de euros.

—Suprimir el dividendo es una de las cosas que peor sientan en los mercados y se intenta todo antes de tomar esa decisión. Pero es cierto que el dinero no repartido va a reservas, de modo que aumentan los recursos propios. Los accionistas dejan de cobrar pero no pierden valor.

Me pregunté cómo iba a sentarle al mercado la inesperada jugada del banco.

American Express en descubierto

American Express también había titulizado la deuda de las tarjetas de crédito para venderla en el mercado. Ahora ella misma estaba en números rojos. El 12 de noviembre de 2008, pidió 3.500 millones de dólares al fondo de rescate del gobierno de Estados Unidos.

Los inversores no querían saber nada de títulos de deuda privada, ya fuera de hipotecas, préstamos al consumo o descubiertos de tarjetas de crédito. Solo querían títulos de deuda pública.

Los que anticiparon la crisis predicen el desastre

Varios conocidos economistas e institutos de previsión económica pronosticaron que el gobierno de Estados Unidos suspendería pagos debido a la deuda excesiva que estaba asumiendo para salvar a los bancos. La mayoría de estas previsiones procedían de economistas que habían anticipado correctamente la crisis financiera, de modo que había razones para tenerlas en cuenta.

El LEAP 2020 (Laboratorio Europeo de Anticipación Política), un grupo de reflexión fundado por Franck Biancheri, dijo en octubre de 2008 que la bancarrota de Estados Unidos tendría lugar en el verano de 2009 y que los inversores que hubieran comprado bonos americanos perderían de un día para otro el 90% de su inversión cuando el gobierno decidiera instaurar un "nuevo dólar" devaluado.

Peter Schiff, que anticipó el desarrollo de la crisis con asombrosa precisión, auguró un colapso del dólar causado por una hiperinflación.

Por poner solo otro ejemplo, Marc Faber, economista suizo afincado en Tailandia, llevaba tiempo pronosticando un derrumbe total del sistema económico.

—Estoy preocupado —le dije a Baltasar—. Varios economistas de los que anticiparon la crisis están advirtiendo de que la cosa va a ir a mucho peor.

—Si crees en las señales de esperanza de los que más saben, deberías mantener tus acciones—me contestó—. Si escuchas las profecías sobre el fin del mundo por parte de los que tienen mayor capacidad de predicción, deberías venderlo todo. ¿Qué vas a hacer?

Me encogí de hombros, sin saber qué responder.

Globalización de las excusas

El gobierno de Emiratos Árabes Unidos inyectó en dos meses el equivalente a 39.000 millones de dólares en los bancos del país. La razón oficial: conseguir que los bancos volvieran a prestar dinero. Las excusas para ayudar a los bancos eran tan globales como la crisis financiera.

En los Emiratos, los precios inmobiliarios se habían cuadriplicado desde que en 2002 se autorizó a los extranjeros la compra de propiedades. Me di cuenta de que la burbuja inmobiliaria era un fenómeno global con causas locales. El país árabe dinamizó el sector de la construcción para diversificar una economía basada casi exclusivamente en el petróleo. En Estados Unidos, se trató de impulsar el sueño americano de una vivienda propia y reforzar la idea de propiedad capitalista. En España, la desconfianza hacia los activos financieros, nacida de una inflación tradicionalmente elevada, creó una cultura de la propiedad que floreció en un entorno de dinero barato.

No dejaba de ser curioso que en lugares tan diferentes hubiera ocurrido lo mismo por causas tan dispares.

El Santander, por los suelos

El Banco Santander no podía haber elegido peor momento para pedir dinero a los accionistas. Al negativo efecto que tienen las ampliaciones de capital sobre el precio de mercado de las acciones había que añadir el mal comportamiento general de los bancos. El 19 de noviembre de 2008, el índice Eurostoxx Banks había caído un 25% desde el 7 de noviembre, fecha de referencia de la ampliación del Santander.

En diez días, las acciones del banco se derrumbaron de 8,34 a 5,18 euros. El valor de los derechos de suscripción cayó de 0,60 a 0,17 euros. Valían ese precio porque eran necesarios cuatro derechos para comprar una acción nueva de 4,5 euros (4 derechos de 0,17 euros cada uno más el precio de la acción nueva era igual al precio de la acción antigua). Poco faltó para que el valor de los derechos fuera nulo y el Santander no pudiera cubrir su ampliación.

Terrible dilema

A la explosiva recuperación de la primera semana de noviembre le siguió una recaída del 18% que duró hasta el 21 de noviembre de 2008, día en que el índice cerró a 854 puntos, muy cerca del mínimo de octubre.

La fulgurante carrera de la *monoline* Ambac, que pasó de 1,25 a 8,61 dólares por acción entre el 2 de julio y el 3 de septiembre, se desvaneció como un fuego de artificio: el 19 de noviembre había caído a 0,76 dólares. El valor en bolsa de Citigroup ya era solo de 25.000 millones de dólares, la misma cantidad que le había inyectado el gobierno de Estados Unidos en los últimos meses. Era como si lo único que tuviera valor de la entidad fuera la aportación del Estado.

Por si fuera poco, Citigroup requirió una inyección adicional de capital de 20.000 millones de dólares. El que fuera el mayor banco del mundo se había convertido en un pozo sin fondo.

En diciembre se cumplirían once meses desde el aviso bajista del 21 de enero. Este era el plazo máximo que solían durar los ciclos bajistas desde el aviso, de modo que el fin podía estar cerca, si es que no había llegado ya. Sin embargo, si el segundo aviso bajista, el del 24 de junio, también era válido, entonces a finales de diciembre tendría la última oportunidad para venderlo todo, pues la tormenta solía llegar unos seis meses después del aviso. ¿Qué ocurriría, pues, en diciembre? ¿El final del ciclo o la última oportunidad para salir?

El pavoroso derrumbe del sistema financiero incrementaba la probabilidad de que el ciclo bajista se extendiera hasta el período comprendido entre febrero y mayo de 2009, tal como preveía Baltasar. Sin embargo, yo había estado esperando el final para diciembre como muy tarde. Si ahora cambiaba de postura influido por los acontecimientos, me arriesgaba a vender al principio de la recuperación definitiva.

General Shock

Las acciones de General Electric no paraban de hundirse. El 24 de noviembre perdieron los 15 dólares, una caída del 40% en mes y medio. La inyección de fondos de Buffett resultó insuficiente y, al igual que hicieran los grandes bancos americanos, General Electric se dirigió a varios fondos soberanos (fondos de inversión del Estado) de Asia, entre ellos los de China y Singapur, para recaudar dinero con el que suplir su pérdida de recursos propios.

El gobierno y los bancos juegan al tenis

El 25 de noviembre la Reserva Federal anunció una nueva inyección de liquidez al sistema financiero de nada menos que 800.000 millones de dólares. De esta cantidad, las tres cuartas partes irían destinadas a la compra de préstamos hipotecarios titulizados de Fannie Mae y Freddie Mac. El resto, a a la compra de préstamos al consumo titulizados. El objetivo declarado fue, otra vez, que los bancos dispusieran de dinero fresco para reactivar el crédito a consumidores y empresas.

No podía creer que a pesar de las cuantiosas ayudas recibidas por los dos mayores bancos americanos, Citigroup y Bank of America, estos siguieran al borde de la quiebra. Recordé que, según Baltasar, el problema no venía tanto de las deudas impagadas de los clientes de los bancos como del apalancamiento de los acreedores. El economista americano de origen italiano Michele Boldrin, catedrático de la Washington University de St. Louis, avalaba este punto de vista. Dijo que los impagos de préstamos hipotecarios en Estados Unidos, que en un año normal solían ser de 150.000 millones de dólares, alcanzaron en 2008 unos 300.000 millones de dólares, un 3% sobre el valor total de las hipotecas de Estados Unidos. Pero solo el plan de rescate de Paulson ascendió a 700.000 millones de dólares. Esto significaba que la mayor parte del dinero perdido por las entidades financieras se debió a apuestas arriesgadas.

—¿Cómo van a obtener los bancos suficientes beneficios para devolver las ayudas si no prestan dinero? —pregunté a Baltasar.

—De eso se encarga la Reserva Federal. Ahora los bancos tienen miedo de su propio negocio, o sea de dar crédito a empresas y consumidores. La Reserva Federal ha dejado los tipos de interés a corto plazo prácticamente al 0%, de modo que presta dinero casi gratis a los bancos y estos lo invierten en comprar deuda pública a largo plazo, a un interés del 3% o 4%. Es lo mismo que se hizo durante la crisis bancaria de principios de la década de 1990. Funcionó y se espera que vuelva a funcionar.

134

—Esto parece un partido de tenis. El gobierno se endeuda para dar dinero a los bancos y estos lo invierten en comprar deuda del gobierno. Los consumidores y las empresas pagan la entrada y observan. Sin embargo, los bancos no obtienen un gran diferencial con este juego. Así van a tardar mucho en hacer beneficios.

—Pero se apalancan. Piden prestado para comprar más deuda pública y así multiplican sus beneficios.

—¡Otra vez se están apalancando!

—Sí, poco ha cambiado —dijo Baltasar, resignado—. Solo que ahora compran bonos del gobierno en vez de productos basados en hipotecas.

Pregunta incómoda

En muchas ocasiones me había preguntado por qué los bancos perdían tanto dinero. Me había olvidado de una pregunta más importante: ¿por qué estaba yo perdiendo dinero si la bolsa había seguido el curso que yo mismo había previsto? No tardaría en tener que sincerarme conmigo mismo.

Capítulo 6 – Los restos del naufragio

La apuesta del Banco de Inglaterra

En abril de 2008, el Banco de Inglaterra se había apalancado en cincuenta veces, mucho más que Lehman Brothers y otras entidades que habían quebrado, para comprar activos de los bancos. ¿Había estado jugando a la ruleta rusa?

El apalancamiento empieza a generar pérdidas desde el momento en que el valor del activo comprado con deuda cae por debajo del precio de adquisición. Un apalancamiento de cincuenta veces en un activo que pierde el 1% de su valor supone una pérdida del 50%.

Los préstamos titulizados adquiridos por el Banco de Inglaterra se habían depreciado un 16%. ¿Significaba esto que el banco central estaba en la más absoluta ruina?

Había una diferencia fundamental en la manera como el banco central del Reino Unido se había apalancado y la manera como lo hacen las entidades financieras. El Banco de Inglaterra había comprado los activos con un descuento del 35% sobre el valor de mercado. Ni siquiera una pérdida del 30% en el valor de los activos adquiridos le habría afectado.

A diferencia de lo que había predicho Baltasar, el Banco de Inglaterra no había perdido dinero. Ahora bien, si los activos de los bancos se hubieran depreciado algo más del doble de lo que lo hicieron, la economía del Reino Unido habría saltado por los aires.

La apuesta irlandesa

En diciembre de 2008, los tres grandes bancos irlandeses tuvieron que ser rescatados. El 15 de enero de 2009, el Anglo Irish Bank, que tenía casi toda su cartera crediticia concentrada en el sector de la construcción, fue nacionalizado y sus acciones perdieron todo su valor. La solución adoptada en octubre de 2008 por el gobierno irlandés para restaurar la confianza en el sistema bancario del país, consistente en garantizar todos los depósitos, había sido infructuosa.

La confianza para resolver un problema de confianza no funcionó, como tampoco había funcionado la conversión de activos de riesgo en otros totalmente seguros. ¿Debía renunciar a creer en los milagros? Un par de meses más tarde, recuperaría mi fe en ellos.

La cartera perfecta

A finales de noviembre de 2007, aposté con Baltasar que una cartera compuesta por las acciones más seleccionadas por los mejores expertos superaría al índice de referencia en al menos un 5% al final de 2008. El último día hábil del año, calculé la plusvalía media de esa "cartera perfecta" para averiguar quién había ganado la apuesta.

—Bueno, Baltasar, resulta que la plusvalía media de la cartera formada por los diez valores que más se repetían entre los preferidos por diecisiete brokers y analistas ha sido negativa en un 37,8% en 2008, mientras que la del IBEX-35 ha sido negativa en un 39,4%. No está tan mal, al menos es un 1,6% mejor.

—No, no está tan mal, pero para ser una cartera perfecta, diría que está regular.

Comprendí lo que Baltasar me había querido decir un año antes: guiarse con un criterio imperfecto es preferible a ir detrás de la perfección.

¿La última oportunidad?

El 6 de enero de 2009, el índice acumulaba un alza del 20,8% desde el 21 de noviembre de 2008 y se situaba en los 1.031 puntos. Habían transcurrido seis meses y medio desde el segundo aviso de ciclo bajista, el que tuvo lugar el 24 de junio de 2008. Tenía todo el aspecto de ser la última oportunidad para vender.

Me planteé la cuestión de la siguiente forma:

Si es la última oportunidad y la aprovecho, evitaré lo peor de este ciclo bajista. Pero si es el inicio de la recuperación, me perderé el resto del ciclo alcista. En caso de equivocarme, ¿qué sería peor, haber perdido una oportunidad o haberme perdido un ciclo alcista? Decidí que lo segundo sería peor que lo primero, de modo que opté por no vender.

Nueva tormenta

A partir del 6 de enero de 2009, la bolsa empezó a caer de la forma como suele hacerlo en una tormenta: dos días de cada tres.

El 20 de enero, Barack Obama se estrenó en su cargo como presidente de Estados Unidos. El nuevo secretario del Tesoro, Timothy Geithner, anunció el 9 de febrero su propio plan para aliviar la situación de la banca. De los 700.000 millones de dólares del plan de rescate de Paulson, quedaban todavía 320.000 millones y Geithner dijo que no iba a pedir más dinero al Congreso. Los mercados se lo tomaron muy mal porque habían estimado que todavía eran necesarias acciones contundentes para solucionar el problema.

Geithner recuperó la idea inicial de Paulson y destinó una parte del plan de rescate a la compra de activos tóxicos de la banca. Los mercados no acabaron de entender por qué Geithner retomaba una idea que había sido desechada por la misma persona a quien se le había ocurrido.

Los 1.636 millones de euros que el Santander había invertido en el Royal Bank of Scotland solo valían 97 millones de euros. Emilio Botín, el presidente del Santander, había perdido 39 de los 40 millones de euros que había invertido a título personal en acciones del banco británico. Un año y medio antes, el Royal Bank corría con Barclays en una carrera trepidante por ser el primero del país.

Los 892 millones de euros que el primer banco español había invertido en Fortis se habían convertido en 65 millones. Un año y medio antes, el banco belga soñaba con devorar un banco mayor que él mismo. Las acciones del que había sido el mayor banco del mundo, Citigroup, ya solo valían un dólar, cuando dos años atrás valían 55 dólares.

Baltasar compró con el índice general a unos 850 puntos a mediados de febrero de 2009, un 44% por debajo del nivel al que había vendido en septiembre de 2007. Sabía que la tormenta podría causar más destrozos y que el ciclo podría durar hasta mayo, pero se había propuesto volver a entrar cuando hubieran transcurrido ocho meses desde el aviso bajista de junio de 2008.

Del 6 de enero hasta el 9 de marzo de 2009, dos meses que se me hicieron inacabables, la bolsa española perdió el 30,6% de su valor. El mínimo fue de 716 puntos, un 58,5% por debajo del máximo de noviembre de 2007, un 47,5% desde el primer aviso de ciclo bajista de enero de 2008 y un 45,5% desde el segundo aviso de ciclo bajista de junio de 2008.

Tuve que asumir que en enero no solo había perdido la última oportunidad para vender, sino también la última oportunidad para confiar en mis principios.

Celebración

Tras la tormenta vino la fiesta.

El 23 de marzo de 2009, el secretario del Tesoro de Estados Unidos, Timothy Geithner, desveló los detalles de su programa de compra de activos tóxicos. El gobierno haría sociedad con inversores privados para adquirir activos deteriorados de la banca y arriesgaría la misma cantidad que aquellos. Si el valor de un título hipotecario era de 2.000 dólares y el precio real estimado era de 1.000 dólares porque se trataba de un activo problemático, el inversor privado tendría que poner un mínimo de 70 dólares, en cuyo caso el gobierno pondría 70 dólares de su parte. El resto, 860 dólares, se financiaría con un préstamo de la Reserva Federal. Es decir, el programa contaba con un apalancamiento máximo de seis veces, ya que un activo de 1.000 dólares era adquirido con 140 dólares de capital y 860 dólares de deuda.

La lógica de la propuesta era que había que incentivar de algún modo la demanda de activos deteriorados y crear la posibilidad de hacerlos rentables. Si al cabo de unos años, el activo deteriorado recuperaba valor, el gobierno y el inversor privado se repartirían los beneficios a partes iguales. Por ejemplo, si el activo alcanzaba un valor de 1.700 dólares, primero habría que liquidar el préstamo de la Reserva Federal (860 dólares) más los intereses. Suponiendo que quedaran 730 dólares netos, 365 dólares serían para el gobierno y los otros 365 dólares para el inversor. Ambos habrían invertido solo 70 dólares, de modo que multiplicarían su inversión por cinco. El dinero del contribuyente habría estado más que bien invertido.

Sin embargo, cabía la posibilidad de que el activo siguiera depreciándose, por ejemplo que cayera de 1.000 a 500 dólares. Entonces, el gobierno y el inversor perderían cada uno los 70 dólares arriesgados pero no habría suficiente dinero para pagar el préstamo de la Reserva Federal. En este caso, las pérdidas correrían a cargo del contribuyente. Por este motivo y por las dudas acerca de su eficacia, la gran mayoría de economistas consideró inviable el programa. Sin embargo, la bolsa lo celebró por todo lo alto. El ciclo bajista había concluido.

El apalancamiento había solucionado un problema causado en gran parte por un exceso de apalancamiento. Era un verdadero milagro.

Vi claro que nuestro sistema se basa en el patrón ingenio: siempre hay una solución ingeniosa que evita el colapso en el último instante.

No eran churros, sino comida rápida

Baltasar me dijo una vez que las entidades financieras habían concedido préstamos de dudoso cobro porque dicha práctica servía para incrementar la eficiencia del sistema. En aquel momento, no di crédito a un argumento que consideré insolvente. No fue hasta que la crisis se estabilizó que estuve dispuesto a someterlo a mi agencia de calificación de ideas.

Los títulos respaldados por préstamos dudosos no hubieran podido obtener las mejores calificaciones de crédito. En tal caso, hubiera sido difícil encontrar inversores dispuestos a adquirirlos. Para los inversores conservadores, eran demasiado arriesgados. Para los inversores dispuestos a asumir riesgos, no eran lo bastante rentables. Entonces las entidades financieras aplicaron el principio de la diferenciación del producto.

De acuerdo con este principio, un fabricante de calzado deportivo puede incrementar las ventas si crea una zapatilla que se adapta mejor al hormigón, otra al asfalto, otra al terreno rocoso, etc., y aún más si dentro de cada gama crea diferentes modelos con mejor o peor calidad según la frecuencia esperada de uso, de manera que incluso quienes piensan dar un uso esporádico a unas zapatillas deportivas pueden convertirse en clientes de la empresa.

En el mundo financiero, la equivalencia a la relación precio-calidad es la relación rentabilidad-riesgo. A partir de una cartera de préstamos de la que se puede esperar una pérdida del 5%, se crea una gama de títulos con diferentes relaciones rentabilidad-riesgo a través de un producto estructurado. Los "modelos" más seguros son de interés para inversores que quieren una gran seguridad, como fondos de pensiones. Los intermedios, para inversores con cultura financiera y cierta tolerancia al riesgo. Los más expuestos, para inversores muy bien informados y cuyas posibilidades de diversificar les permiten minimizar el impacto de las pérdidas, como fondos de alto riesgo o *hedge funds*.

De este modo, el riesgo es transferido hacia quienes tienen mayor capacidad para asumirlo y gestionarlo. Cada tipo de inversor tiene acceso al activo financiero que mejor responde a sus necesidades. El mercado cumple eficientemente su tarea de asignar a cada uno lo que más le conviene.

Sin embargo, algo no cuadraba. Los bancos habían transferido los riesgos a través de la titulización de préstamos a los inversores que compraban los títulos. Al mismo tiempo, habían asumido riesgos increíblemente elevados.

Cuando los bancos creaban productos estructurados, los llamados CDOs, a partir de sus préstamos hipotecarios, generaban activos de tres clases: los *senior,* los *mezzanine* y los *equity.* Los primeros eran muy seguros, más que los préstamos originales, porque eran los primeros en recibir los intereses y los últimos en sufrir las pérdidas. A veces los bancos se quedaban los tramos *senior* y vendían los *mezzanine* y los *equity* a fondos de inversión de alto riesgo. Sin embargo, otras veces hacían justo lo contrario: se desprendían de los tramos más seguros y conservaban los más arriesgados porque eran los más rentables.

Por ejemplo, tenían una cartera hipotecaria de la que se estimaba un riesgo de pérdida del 5%. Eso significaba que era seguro que el 5% de los préstamos darían problemas. No se trataba de una probabilidad. Era 100% seguro que la pérdida sería del 5%.

Pero esa pérdida quedaría compensada por los rendimientos del 95% restante. Siguiendo la misma lógica, pensaron que podrían concentrar todas las pérdidas en un tramo, el *equity,* si se reservaban una proporción tal de intereses de la cartera hipotecaria que compensara sobradamente el riesgo. Por ejemplo, si el tramo *equity* equivalía al 10% de los préstamos, se reservaban el 30% de los intereses.

Pero la pérdida estimada del 5% se convirtió en un 20-25% en el peor momento de la crisis financiera, a causa del aumento de la morosidad y de la caída del precio de la vivienda. Muchos tramos *equity* de productos estructurados, buena parte de los cuales continuaban en poder de los bancos, perdieron todo su valor, ya que habían sido diseñados para soportar pérdidas más moderadas.

Así que, en vez de transferir los riesgos, lo que a menudo hicieron los bancos fue vender lo mejor de sus activos y quedarse lo peor.

En una ocasión me pregunté por qué los bancos tenían tantos títulos hipotecarios si lo que hacían precisamente era vender los títulos que creaban a partir de sus propios préstamos. Llegué a imaginarme que concedían préstamos de mala calidad, los titulizaban, los vendían a otros bancos y compraban los títulos de otros bancos sin saber que estos hacían lo mismo. La verdadera razón era otra.

Los bancos titulizaban sus préstamos hipotecarios porque de acuerdo con las normas de Basilea los títulos con elevada calificación ocupaban "menos espacio" en su balance, lo cual les permitía volver a incrementar su volumen de créditos. En vez de gastar dinero en costosas campañas de marketing para encontrar nuevos clientes, valorar el riesgo de cada operación, etc., hacían algo mucho más rápido y barato: adquirían títulos hipotecarios de otros bancos.

Es decir, compraban préstamos ya concedidos y que habían sido certificados por las agencias de calificación. No es que cambiaran churros por churros sino que se habían aficionado a la nueva modalidad de "comida rápida" que representaban los títulos AAA.

Retrospectiva

Ahora se me hacía claro por qué la bolsa había evolucionado como lo había hecho. El 1 de junio de 2007 el índice alcanzó un máximo de 1.706 puntos. Luego cayó un 11,6% pero se recuperó y marcó un nuevo máximo de 1.725 puntos el 8 de noviembre de 2007. Entonces dudé sobre cuál de ambos máximos era el relevante, si el primero, por ser más representativo de la evolución de los valores, o el segundo, por ser el máximo absoluto aunque solo un 1% superior al primero y menos representativo, ya que para entonces muchos valores ya habían dejado atrás sus niveles más altos.

La evolución de la bolsa confirmó que ambos máximos eran referencias válidas. El 21 de enero de 2008, con el índice a 1.365 puntos, llegó un aviso de ciclo bajista respecto al primer máximo, el de junio de 2007. El 11 de agosto, casi siete meses más tarde, el índice continuaba a 1.295 puntos. Ese fue el período de calma chicha durante el cual el índice se mantiene tensamente cerca del nivel del aviso. También fue la etapa de seducción, pues hubo subidas espectaculares que daban a entender a los inversores que en pocas semanas podrían ganar tanto como en un año de bolsa alcista. Por ejemplo, entre el 23 de enero y el 19 de mayo de 2008, el índice subió un 14,9%.

El 2 de septiembre llegó la primera tormenta, que duró hasta el 28 de octubre, dejando el índice en los 848 puntos. Tras otra recuperación espectacular del 23,1%, hubo una nueva recaída hasta el 21 de noviembre, día en que el índice cerró a 854 puntos. Para entonces, habían transcurrido diez meses desde el aviso de enero.

Este podría haber sido el final del ciclo. Se había cumplido el período de gestación, el tiempo que tarda la bolsa en gestar un nuevo ciclo alcista.

Sin embargo, había un segundo aviso pendiente, el del 24 de junio de 2008, con el índice a 1.315 puntos, y que tenía como referencia el máximo de noviembre de 2007.

En este caso, también debería haberse producido un período de seis meses durante el cual el índice se acercara en varias ocasiones a ese nivel. En realidad, este período solo duró tres meses, hasta el 19 de septiembre, cuando el índice aún estuvo a 1.238 puntos. La cuestión era que si contábamos seis meses desde junio de 2008, caíamos dentro de la fase de tormenta correspondiente al primer aviso. Aún así, seis meses después del segundo aviso tuvo lugar la última oportunidad, la de enero de 2009, pues a continuación el índice cayó un 30% en dos meses. En definitiva, doce meses después del primer aviso aún podría haber evitado una caída del 30%.

Baltasar no naufragó en este tsunami bursátil porque se orientó por unos principios que consideraba válidos. Yo, en cambio, buscaba pruebas que confirmaran la validez de mis criterios. Y eso me desorientó.

Entonces me guié por señales de confianza emitidas por agentes influyentes del mercado. Así fue cómo aplacé indefinidamente la decisión de vender. Así fue cómo compré acciones de General Electric a 25 dólares y que ahora ya solo valían 7 dólares.

Mi error fue confundir teorías con principios. Las teorías describen la realidad, los principios nos orientan a través de ella. Uno puede poner a prueba una teoría pero no unos principios. Cuando llevamos una brújula no es para comprobar si funciona.

Al readaptarme al mundo civilizado, fui perdiendo la capacidad para interpretar las señales del entorno y me acomodé a los reconfortantes mensajes de ánimo y tranquilidad. En vez de seguir mi camino, dejé que me lo indicaran.

Había dejado olvidado el mapa que me había propuesto llevar en este nuevo viaje. Para enmendar mi fatal descuido, reabrí mi carta de navegación y señalé los nuevos peligros que había descubierto.

Capítulo 7 – Carta de navegación

Ruta a seguir

Lo primero a la hora de invertir es tener unos principios o criterios que nos sirvan de orientación.

Como norma general, hay que procurar estar la mayor parte del tiempo en bolsa porque las acciones suelen ser los activos financieros más rentables a largo plazo y porque las mayores alzas se producen de forma discontinua en el tiempo y en los momentos más imprevisibles.

Pero hay dos circunstancias que hacen aconsejable tomar una ruta diferente a la prevista. La primera, cuando tiene lugar una serie de al menos tres avisos de desplome, los cuales consisten en correcciones bruscas, como una caída en el índice de la bolsa del 5% en pocos días o de un 10% en pocas semanas. La segunda, cuando se produce un aviso de fase bajista, que se manifiesta con una caída de al menos un 15% en un plazo de más de cuatro meses, si además se alcanza un nuevo mínimo en ese período.

Tras un desplome, no hay que demorar demasiado las compras porque la recuperación puede llegar pronto.

En cambio, en un ciclo bajista no hay ninguna prisa para comprar porque el final suele producirse unos nueve meses después del aviso. Eso no significa que debamos esperar este plazo de tiempo. Si adquirimos acciones de calidad a precios inferiores a los que hemos vendido haremos una buena operación porque por la misma cantidad de dinero tendremos más acciones y cobraremos más dividendos.

Este último ciclo confirmó que los siguientes principios generales son una buena guía para orientarse en el océano bursátil:

Permanecer a bordo la mayor parte del tiempo.

No tratar de evitar los contratiempos menores, o sea las fluctuaciones normales del día a día.

Cambiar de rumbo cuando haya una serie de avisos de desplome o un aviso de ciclo bajista, es decir cuando haya un incremento significativo de la volatilidad o cuando detectemos un notable deterioro del mercado.

Si hemos vendido antes de un desplome, no demorar las compras cuando los precios estén sensiblemente por debajo de los máximos.

Si hemos vendido en un ciclo bajista, volver a comprar cuando hayan pasado varios meses desde el aviso, o bien cuando los precios nos parezcan suficientemente atractivos.

Peligros de los mares del sur

La aplicación de estos principios puede verse entorpecida, incluso anulada, por los siguientes peligros que suelen acecharnos en los mares del sur:

La bruma de las expectativas

Antes de emprender un viaje, nos hacemos una serie de expectativas pero no nos olvidamos de la dirección que debemos tomar. En cambio, cuando invertimos en bolsa, a veces convertimos nuestras expectativas en lo prioritario.

En mi caso, esperaba que el ciclo que empezó en 2003 tendría la duración que suelen tener los ciclos alcistas, unos siete años. Pero duró menos de cinco años. Esta esperanza nubló mi capacidad de decisión. Generó en mí un síndrome de atención selectiva que me hizo creer demasiado tiempo que el ciclo alcista seguía vigente.

Cuando la bolsa ha iniciado un ciclo bajista, la expectativa más frecuente entre los inversores es la de poder vender sin pérdidas. Muy rara vez puede verse cumplida.

La diferencia entre actuar en base a unos principios y hacerlo en base a una expectativa es la siguiente.

Actuar en base a unos principios:

Un inversor ha comprado a 100 e identifica un aviso de ciclo bajista cuando la bolsa cae a 85. Ha tenido la peor suerte que se puede tener, pues ha entrado en el máximo del ciclo. Entonces vende y acepta una pérdida del 15%. O puede esperar un poco para vender a 90, porque la bolsa suele recuperarse después de un aviso de este tipo. Hacia el final del ciclo, cuando el índice ha caído a 70, vuelve a comprar. A pesar de haber sufrido una pérdida del 15%, su punto de partida en el nuevo ciclo será a un nivel muy inferior al del principio. Cuando la bolsa recupere el nivel de 100, ganará más de un 40%. Su suerte habrá cambiado de signo.

Actuar en base a una expectativa:

El mismo inversor del caso anterior espera a que el índice recupere el nivel de 100 para vender. Espera tanto que se le agota la paciencia o la resistencia y vende al mínimo del ciclo. Sufre una pérdida considerable de dinero y se queda con escasas posibilidades de recuperarlo. Su mala suerte se convierte en destino.

Las cambiantes sirenas de la lógica

Los beneficios de muchas empresas y bancos continuaron aumentando bien avanzado el ciclo. La recesión, al menos la oficial, tardó en llegar. Los tipos de interés repuntaron entre agosto y octubre de 2008, pero en general se mantuvieron estables y a partir de noviembre de 2008 tuvieron una tendencia general descendente. Nada de eso logró alterar la trayectoria de la bolsa.

Me engañé a mí mismo al pensar que este ciclo iba a ser diferente de los anteriores, en el sentido de que la buena evolución de estas tres variables clave (beneficios, crecimiento económico y tipos de interés) iba a tener efectos positivos.

Aunque estaba precavido de la presencia de las sirenas de la lógica, estas cambiaron de apariencia para introducirse en mi mente sin que lo percibiera. Por ejemplo, la sirena Economía Crece se disfrazó de Desaceleración Saludable. La sirena Beneficios Suben se vistió de Beneficios Resistentes a la Crisis. La sirena Intereses Bajos adoptó la forma de Política Monetaria Expansiva o de Inyección de Liquidez.

En el futuro, las tres sirenas volverán a seducirnos con sus argumentos y a cambiar de apariencia. Para evitar caer bajo su hechizo deberemos recordar que solo el fin de la incertidumbre logra detener un ciclón bajista.

Los vientos contrarios de las opiniones ajenas

Podemos pensar que tenemos muchas más posibilidades de ganar si hacemos caso a quien más sabe que si confiamos en nuestros propios criterios imperfectos.

Sin embargo, sea cual sea la circunstancia en que se encuentren los mercados, los expertos siempre están divididos en dos bandos: el de los que creen que la bolsa subirá y el de los que piensan que bajará. Y esto pasa tanto a nivel de todos los expertos como a nivel del grupo de analistas con mayor índice de aciertos en el pasado.

Siempre nos orientaremos mejor si confiamos en nuestros propios instrumentos de navegación, aunque no sean del todo precisos, que si nos dejamos guiar por juicios ajenos, pues un día escucharemos una opinión en una dirección y al día siguiente otra en la dirección opuesta.

El faro cegador de la confianza

Sabía que los responsables políticos y económicos iluminan lo que les interesa para desviar nuestro foco de atención. En un sistema que depende de la confianza para su correcto funcionamiento, hay que crear un sentimiento artificial de confianza cuando es necesario. Así como la innovación financiera crea productos de apariencia totalmente segura que en realidad son muy arriesgados, la ingeniería semántica crea mensajes totalmente creíbles que resultan engañosos.

Lo que no esperaba era que las grandes fortunas y las mayores gestoras de fondos cometieran errores de inversión proporcionales al tamaño de sus recursos.

Pero quien no puede permitirse cometer errores de ese calibre no puede seguir el ejemplo de quienes sí pueden permitírselo. Un gran inversor que arriesgue la décima parte de su patrimonio en acciones de tal o cual entidad puede animarnos a invertir todo nuestro capital o motivarnos a aplazar nuestra decisión de vender. Si ese inversor se equivoca, podrá aprovechar nuevas oportunidades y seguirá su rumbo impertérrito mientras que nosotros nos habremos caído por la borda.

Tampoco fueron fiables las señales de confianza emitidas por los directivos de empresas y entidades financieras que compraron acciones de sus propias compañías o de otras de su sector. Recordemos que el presidente de un gran banco español perdió el 98% de su inversión en acciones de otro gran banco.

Suponer que quienes mueven los mercados van siempre en la buena dirección es exponerse a una pérdida segura. La mejor información y la mayor fortuna no protegen de los embates de un ciclo bajista, más bien despiertan un instinto oportunista que otorga un sentimiento de falsa seguridad.

En resumen, las expectativas son como una niebla que nos hace perder de vista la ruta que nos habíamos trazado. Las leyes de la lógica quedan en suspenso en los mares del sur. Las opiniones ajenas son como vientos contrarios. El faro de la confianza nos deslumbra. Los principios, en cambio, nos orientan.

Epílogo – 16 años en una isla desierta

En *Un náufrago en la bolsa,* publicado en 2005, aventuré la posibilidad de que la bolsa española pasara 16 años en una "isla desierta" a partir de marzo de 2000. Definí "isla desierta" como un período durante el cual el índice de la bolsa podía subir en varias ocasiones pero que al final de dicho período no se habría revalorizado apenas (sin tener en cuenta los dividendos).

En el momento de redactar estas líneas (agosto de 2015), el índice IBEX-35 de la bolsa española todavía estaba a 10.000 puntos, mientras que en marzo de 2000 alcanzó los 12.816 puntos. Así que, efectivamente, la bolsa española llevaba quince años y medio en una isla desierta.

Esta es la conversación que mantuvieron Caos y Baltasar en *Un náufrago en la bolsa* un día de diciembre de 2003:

— *¿Quieres decir que en el año 2016 el índice de la bolsa puede estar al mismo nivel que en el máximo de marzo de 2000?*

— *Es posible.*

— *De modo que la bolsa pasa largas temporadas en sus islas desiertas —dije.*

— *Ya lo creo. Puede pasar diez, quince o veinte años. Pero la bolsa reside alternativamente en una isla desierta y en Eldorado.*

— *¿En Eldorado?*

— *Eldorado es un período en el que el índice de la bolsa tiene una tendencia alcista general —explicó Baltasar—. Por ejemplo, entre 1983 y 2000, el índice Dow Jones pasó de mil puntos a casi doce mil puntos.*

Mi idea entonces no fue la de hacer una predicción sino plantear la posibilidad de que el mercado de valores podía pasar muchos años en un ciclo bajista de largo plazo, pero que a pesar de ello un inversor podía llegar a buen puerto si aplicaba determinados principios.

Creo que en 2012 la bolsa entró en un ciclo alcista de largo plazo, lo que Baltasar denominaba Eldorado. Un Eldorado no necesariamente empieza cuando acaba la estancia en la isla desierta. Por ejemplo, la bolsa española estuvo en una isla desierta entre 1974 y 1986 (es decir, hubo que esperar a 1986 para superar el máximo de 1974). Pero el siguiente Eldorado empezó a finales de 1982, fecha que marca el inicio del gran ciclo alcista que duró hasta principios de 2000 (aunque en realidad el mercado empezó a mostrar síntomas de debilidad a partir de 1998).

Hay que recordar que en un Eldorado la bolsa baja la tercera parte del tiempo. Si dura otros 16 años, cinco o seis serán de tendencia descendente.

Anexo – Los avisos en la fase bajista de 2007-2009

La tabla siguiente recoge los avisos de desplome, los avisos de fase bajista y las oportunidades para salir más relevantes durante el ciclo bajista de 2007-2009. El nivel indicado del Índice General de la Bolsa de Madrid (IGBM) es el vigente en la fecha final del aviso o del desplome, o en la única fecha indicada.

Inicio	Fin	Magnitud	IGBM	Comentario
09/05/2006	13/06/2006	-11,0%	1172	Aviso de desplome (cancelado*)
22/11/2006	01/12/2006	-4,0%	1502	Aviso de desplome (dudoso)
19/02/2007	24/03/2007	-9,1%	1509	**Aviso de desplome**
16/04/2007	30/04/2007	-4,2%	1596	Aviso de desplome (dudoso)
01/06/2007			1706	Máximo relativo
01/06/2007	07/06/2007	-4,7%	1625	**Aviso de desplome**
08/08/2007	17/09/2007	-8,6%	1508	**Aviso de desplome**
08/11/2007			1725	Máximo histórico
14/01/2008	23/01/2008	-14,5%	1329	**Aviso de desplome**
21/01/2008			1365	**Aviso de fase bajista** (respecto al máximo relativo de 01/06/07)
05/02/2008	11/02/2008	-4,9%	1394	**Aviso de desplome**
07/04/2008	14/04/2008	-5,1%	1422	**Aviso de desplome**
19/05/2008			1527	**S.O.S. (Salir O Sufrir)**
24/06/2008			1315	**Aviso de fase bajista** (respecto al máximo de 08/11/07)
19/09/2008			1238	**Último S.O.S.**
19/09/2008	28/10/2008	-31,5%	848	**Primer desplome**
06/01/2009	09/03/2009	-30,6%	716	**Segundo desplome**
09/03/2009			716	**Fin del ciclo bajista**

* Al haber transcurrido un largo período de tiempo hasta el siguiente aviso relevante.

Sobre el autor

Soy economista, inversor y escritor. Gestiono el blog www.invertirlowcost.com, donde escribo sobre economía y finanzas y hago un seguimiento de las estrategias que explico en mi libro *Invertir Low Cost.*

He escrito los siguientes libros:

* *Un náufrago en la bolsa,* Ediciones Urano, colección Empresa Activa, 2005.
* *La máquina de hacer dinero. Quiénes y cómo crean las crisis económicas* (cómic), Ediciones B, 2011.
* *Invertir Low Cost: Nueve grandes estrategias de inversión en acciones para pequeños capitales,* Ediciones Urano, colección Empresa Activa, 2014.
* *Juicio al Euro,* 2014. Esta obra puede descargarse gratuitamente desde mi blog.